都立大学はどうなる

東京都立大学・短期大学教職員組合
新首都圏ネットワーク　編

JN303772

花伝社

目次

はじめに――都立の大学でいま何が起こっているのか？――

二〇〇三年八月以来、これまでの大学史上かつてなかったような事態が起こっている。長きにわたって東京都の学術の一翼を担ってきた都立大、科学技術大、都立短大、保健科学大は、二〇〇五年度に統廃合され、新しい大学が設置されようとしている。しかし、その中身は現大学で検討を重ねてきたものではなく、石原慎太郎都知事と都大学管理本部などによって作成され、突如発表され、押し付けられたものなのだ。新しい大学の設置に向けて、都立の四大学の教職員は二年以上をかけてその制度設計の努力を積み重ねてきた。しかし、その真摯な努力は水泡に帰したのである。

都立の大学の教職員、それに学生・院生などは都のやり方に抗議し、かつ民主的な協議体制の構築を繰り返し要求している。また都立の大学で起こっている事態を日本の学術体制の危機だと感じた大学人、よりよい教育研究が行われる大学に子弟をかよわせたいと願う都民などが、同じく都のやり方に抗議している。現在の都立の大学の統廃合計画が、あるべき都立の大学の姿とはかけ離れていると考えるからである。

二〇〇四年四月の国立大学の法人化、それに都立の大学、横浜市立大学などにみられる公立大学の再編は、日本の大学のあり方を根本的に変えようとしている。トップダウンの大学経営、「設置者権限」の名のもとに行われる恣意的な統廃合、国家による認証制度を通じた大学への介入、株式会社設立大学の発足、私立学校法の改正など、二〇〇四年という年は、日本の大学制度や高等教育のありかたを大きく転換させた年として長く記憶されていくだろう。

いまや、大学をさまざまな分野の学術研究を通じて国民に奉仕させるものとするのか、あるいはすぐに「役に立つ」部分のみを特化させて産業と国家に奉仕させ、かつ「役に立たない」基礎的研究分野はバッサリと切り捨てるのか、大学は大きな岐路に立たされていると言わなければならない。

本書は、いま都立の大学で起こっていることをとにかく一人でも多くの方に知ってもらうことを目的として編まれた。そしてなぜこうしたことが起こったのかという疑問に答えようとした。さらには、国立大学法人化にみられる「大学の構造改革」との関連や、都立の大学統廃合がもつ他の公立大学への影響などについても考えてみた。

都民、国民の負託にこたえられるような真の大学改革を実現するために、本書が役立つことを願ってやまない。

第1部　都立の大学はどうなるか？

田代伸一・源川真希・乾彰夫

◆都立の大学15問15答

Q1 都立の大学には、どのようなものがあるのか？

A 東京都立の大学は、東京都立大学（都立大、八王子市南大沢）、東京都立科学技術大学（科技大、日野市）、東京都立短期大学（短大、昭島市・中央区晴海）、東京都立保健科学大学（保科大、荒川区）の四つがあります。

Q2 二〇〇三年八月一日に、いったい何が起こったのか？

A 石原都知事は「都立の新しい大学の構想について」（「新大学構想」）を発表し、東京都大学管理本部（以下、大学管理本部とする）と大学がこれまでの改革協議にもとづいて策定した改革案をすべて白紙に戻し、密室で議論された大学の統廃合案を一方的に提示しました。茂木俊彦都立大総長ら四大学の学長がこうした都の方針を知らされたのは、知事の記者発表の直前でした。

Q3 「新大学構想」は都立の大学をどのように「改革」しようというのか？

A 「新大学構想」では、都立の四つの大学を廃止して新大学（のち「首都大学東京」と命名）をつくり、旧都立大の人文、法、経、理および工の一部をまとめて「都市教養学部」に再編し、その他「都市環境学部（工の一部が中心）」、「システムデザイン学部（科技大の大部分）」、「保健福祉学部（保科大）」を設置するとされています。また教員の配置まで大学管理本部が決め、人文系の教員定数を大幅に削減しようとしています。教育制度面では「単位バンク制」を設けて、他大学の講義や社会経験も卒業に必要な単位の半数近くまで認定するという制度を、新大学の目玉商品にしようとしています。

Q4 東京都は新大学の運営組織や教員の人事制度をどうしようとしているのか？

A 新大学（正確には新大学法人）は地方独立行政法人法にもとづき東京都が設置するものですが、経営をつかさどる理事長と教学面を担う学長は別人となり、かつ理事長優位の体制になります。従来大学の意思決定においては評議会・教授会が基本的な役割を果たしてきましたが、新大学ではこれに相当する組織の人事や教学の権限は大幅に縮小されようとしています。

　教員は公務員ではなくなります。また現大学から新大学に移行する教員については、昇進も昇給も定年まで認められない制度か、雇用の不安定化をまねく「年俸制」「任期制」か、どちらかを選択させようとしています。

Q5　教員を「非公務員化」し、「年俸制」と「任期制」を導入する理由は？

A　「非公務員化」は、国立大学の教員の場合と同じですが、公務員の数を削減したように見せるとともに、営利企業との兼業を容易にすることが目的です。これは、大学の知的・人的資源を特定の産業に利用するためには、「全体の奉仕者」としての公務員の身分が邪魔になるということです。
　また、「年俸制」と「任期制」は、教員を相互に競争させ、研究の活性化を図ることが目的だと宣伝されていますが、ここにも大きな問題が含まれています。年俸制は成果主義賃金と結びつけられて、人件費の総額を減らすために使われますし、大学の教員は金銭的なインセンティブがあってはじめて、教育と研究を行うという前提に立っています。任期制は短期的に研究成果を出すことを目的としていますが、教育と研究は長期的な視野がなければ進めることはできません。大学教員は、自らの任期を延長するために、目先の成果だけを追い求めるようになってしまいます。大学の教育と研究には、競争ではなく、共同と連帯が求められるのです。

Q6 現大学側は大学改革に反対だったのか？

A 反対だったのではありません。都と大学は改革を進めるべく協議を行い、二〇〇一年一一月「東京都大学改革大綱」がまとめられました。そこでは四大学の統合、法人化、教職員の非公務員化、経営責任と教育責任の区分の明確化が決められました。これ自体都の主導で策定されたものであり、教職員の間に少なからぬ不満はありましたが、「大綱」にそくして具体的な検討を進め、二〇〇三年七月の段階ではカリキュラムなどの詳細設計が完成しつつありました。

Q7 都は四大学の教員にどのような圧力をかけているのか？

A 都は、四大学統廃合はあくまでも「旧大学の廃止と新大学の新設」であり、それにあたっては設置者である都知事がすべての権限を持つとしています。そのため本来、評議会・教授会で審議した上で決定すべき新大学の詳細設計を、大学側の意見をことさら排除して大学管理本部が強引に進めようとしているのです。

例えば、二〇〇三年九月、四大学の全教員（助手をのぞく）に、大学管理本部が勝手に決めた教員の配置案と「新大学構想」の理念に賛同し、かつ検討内容の一切を口外しないことを約束させる「同意書」を提出させようとしました。またのちに大学管理本部は教員に対して、彼らが勝手に決めた教員の配置案と、労使交渉も経ていない勤務条件を押しつける意図で、新大学就任の「意思確認書」を

「踏み絵」として書かせようとしました。

Q8 東京都大学管理本部とは何か？

A　都庁の行政組織で局に相当します。ここで働いているのは皆都庁の職員です。もともと都立大は単一で局に相当し、科技大と短大は総務局、保科大は衛生局が管轄していました。大学管理本部は設置者機能の一元化をはかることを目的に二〇〇一年七月発足したものです。大学改革についてはリストラの観点を強く打ち出していましたが、まがりなりにも大学側と協議する態度はありました。ところが、二〇〇三年五月〜六月、当時の大学管理本部長や何人かの幹部職員が更迭され、以後、一方的な大学統廃合がおし進められたのです。

Q9 新大学の設置においては、設置者である都は絶対的権限をふるうことができるのか？

A　そんなはずはありません。新大学は現在の大学の施設、教員、学生を引き継ぐものであり、その制度設計には現大学の評議会、教授会が関与するのが当然です。大学管理本部は旧大学の廃止と新大学の設置だと強弁しています。しかし文部科学省との折衝においては、現大学の教員組織や施設、設備をそのまま使う、現大学の改組・転換というかたちで手続きを進めているのですから、現大学の意見を聞かなければならないはずです。また地方独立行政法人法の衆議院附帯決議にも、「公立大学法人の定款の作成、総務大臣及び文部科学大臣等の認可に際しては、憲法が保障する学問の自由と大学自治を侵すことのないよう、大学の自主性、自律性が最大限発揮しうる仕組みとすること」と明確にうたわれているのです。

Q10 都の強権的なやり方に対して大学人はどのように抗議しているのか？

A 都立大総長は二〇〇三年一〇月七日、「新大学設立準備体制の速やかな構築を求める」という声明を発表し（巻末・資料1）、教員が基本構想から詳細設計にいたるまで自由に意見を述べる機会が保障されるべきこと、そのための体制を整えることなどを訴えました。また教職員は教職員組合をつうじて、あるいは独自に団体を作り、学外に現状を訴えたり、都議会・国会への要請を行っています。また学生・院生も独自に抗議の声をあげています。

学外でも「都立の大学を考える都民の会」などの団体が生まれ、二〇〇四年二月二八日には日比谷公会堂で二〇〇〇人が参加した大集会が開かれました。さらに文学、歴史学などの学会、研究団体から抗議声明などがあげられ、学界でも都立の大学の統廃合問題は学術体制の危機と受け止められています。

Q11 学生・院生はこの問題をどのように受け止めているのか？

A 「新大学構想」発表以来、院生の研究上の諸権利、学生の学習権がはたして守られるのかという不安が広がっています。従来、人文科学研究科では哲、史、文、心理、教育の各分野で

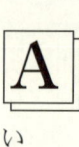

研究者養成を行ってきましたが、「新大学構想」では文学・語学をはじめ一部の専攻は残らない可能性があります。また石原知事と大学管理本部の強引な手法に対する不満も広範に存在します。学生自治会が一、二年次生約一二〇〇人に行ったアンケートでは、「新大学構想」に「反対」が八七％を占めました。構想の内容に魅力がない、トップダウンに問題があるという回答も七割近くありました（『朝日新聞』二〇〇三年一一月一二日など）。学生からはクラス・アピールが発表されたり、大学管理本部に対して説明を求める運動が展開され、さらに都議会各会派や国会議員、文科省をまわって学習・研究環境の保障を要請する行動も行われています。

Q12 都のやり方に反対しているのは都立大人文学部だけというのは本当か？

A

石原知事は記者会見において「改革」に反対しているのは人文系の保守的な教員だと述べています。しかし学生・院生も抗議の声をあげ、また二〇〇四年一月二一日には理工系も含む四大学全教員の半数以上が賛同した声明「都立新大学設立のための開かれた協議体制の速やかな確立を求める」が発表されており、抗議の声は専門分野を問わず、都立大のすべての学部と四大学全体に広がっているのです。

Q13 カリキュラムなどの河合塾への委託とは何か？

A 新大学の認可を受けるために文部科学省との事前折衝がはじまったあと、大学管理本部は「都市教養教育」など教育内容の設計について河合塾に約三〇〇〇万円で委託したことが報道されました。新大学のカリキュラムなどを現大学の教員にろくに討議させないどころか、あまつさえ民間会社に丸投げするという大学管理本部の無責任な態度が批判されています。

Q14 ではスバリ、「新大学構想」にもとづく大学統廃合のねらいは何か？

A 今回の大学統廃合の大きなねらいとして、大学設置者（行政）の意のままに大学を作りかえ、かつ自治を奪うモデルケースにしようということがあげられます。都立の大学の強引な再編が行われることで、他の公立大学のみならず国立、私立大学の改革にまで悪影響が及ぶおそれがあります。

また短期的には、都立の大学を都の産業政策に従属させる意図があります。現在「秋葉原ＩＴセンター」（秋葉原クロスフィールド）の建設が進んでいますが、ここに新大学の何らかの組織を置くことが検討されているようです。また『平成一六年度重点事業』では「ナノテクノロジーセンター」や「産業技術の大学院」開設準備が位置づけられています。これらの事業に都立の大学を組み込むため、すでに「大綱」にもとづいて改革が進められていたにもかかわらず、あえてこれをひっくり返す必要があったものと思われます。

Q15　現在、都立の大学統廃合問題はどのような段階にあるのか？

A

石原知事と大学管理本部は二〇〇五年四月に新大学を断固開学すると述べています。そのため、二〇〇三年一二月には理事長予定者（高橋宏日本郵船顧問）が、二〇〇四年年二月には大学名（「首都大学東京」）と学長予定者（西澤潤一現岩手県立大学学長）が発表され、四月二八日には文部科学省に大学設置の申請を正式に行いました。

しかし、現大学との民主的な協議体制を築きながら詳細設計を行っていくのでなければ、大学設置基準や学校教育法等の要件を満たすことができず、また社会的にも承認をえられず、二〇〇五年に開学ができない可能性が大きくなるでしょう。

I　激動の八カ月

1　突如うちだされた「新大学構想」

二〇〇三年八月一日

それは都立の大学にとって悪い意味で記念すべき日であった。三時からの定例記者会見で、石原慎太郎東京都知事は、都立の新大学の「中間報告」を行った。そこには都立の大学関係者が聞いたことのない「単位バンク」などの用語が飛び交った。知事が説明したのは「都立の新しい大学の構想について」(「新大学構想」)の概要である。この「新大学構想」は現大学関係者には秘匿されていた。都立大茂木俊彦総長はじめ現四大学学長が、山口一久東京都大学管理本部長からこれまでの検討体制の廃止と、「新大学構想」を一方的に通告されたのは、知事の記者会見の一時間前であった。翌日の新聞各紙は「新大学構想」を大々的に伝えたが、多くの都立の大学の教員は、この報道で事態をはじめて知ることになる。

「新大学構想」は都立大、科技大、短大、保科大を統合し新大学(「首都大学東京」)をつくり、都市教養学部、都市環境学部、システムデザイン学部、保健科学部などを置くものである。四大学の統合は既定のことだったが、その中身はこれまで検討されてきたものとはまったく異なっていた。

さらに八月二九日、科技大・短大・保科大学長、それに都立大各学部長らが大学管理本部に召集され、管理本部長、法人理事長予定者、学長予定者で構成される「新大学設立本部」が設置されたこと、そのもとに「教学準備委員会」という組織が設けられ、「外部有識者」と現大学教員により教育理念、学科・コースの設計を行うことが一方的に伝えられた。この時点では理事長、学長予定者は決まっておらず、新大学設立本部は大学管理本部長ただ一人という異常な組織であった。同時に今回の「大学改革」はあくまでも四大学の廃止・新大学の設置であり、設置者である都知事がすべての権限をもつことが強調された。そして学長、学部長らは「旧大学の資源に精通」した個人の資格で教学準備委員会に参加してもらうこと、さらに検討の内容は一切口外しないことを約束させようとした。これは委員会という名ではあるが、議事録すらとらず、現大学の意見を反映させる組織とはほど遠いものであった。また大学管理本部は新大学のデザインを勝手に行い、そこで働く教員の配置も一方的に決めた。これにより人文系の教員定数が大幅に削減されること、さらには文学系の専攻の一部が消滅する可能性があることが判明したのである。

このように、知事が一方的な権限の行使（あるいは越権）により大学の廃止・新設を行うことは、憲法二三条に定められた「大学の自治」と「学問の自由」を完全に踏みにじるものであった。また「新大学構想」の内容自体にも大きな問題がある。「都市教養」という言葉が何をめざすものなのかがまったく示されず、その一方でこれまで蓄積してきた人文系分野の学問成果を切り捨てるという問題である。また現在学んでいる学生・院生の教育に責任のもてる体制が確保できるのかどうか不明であり、大学院についてはその構成や設置時期すらも示されなかった。

さて大学管理本部は大学に対してさらに強圧的な態度を示していく。九月二五日、四大学の教員（助手を除く）全員に、大学管理本部が勝手に決めた教員の配置案を示し、「同意書」を提出させようとした。この「同意書」は、「新大学構想」への包括的同意をとりつけ、口外禁止条項まで含む常軌を逸したものであり、憲法、教育基本法等の原理的趣旨に反するものであった（「『同意書』についての都立大学総長意見」九月二九日）。これはマスコミからも批判を受け、かつ教職員組合が、この「同意書」は、法律にもとづくものではなく、提出を強制する根拠はないことを明らかにするなかで、事実上死文化していった。だが教員のあいだに大きな混乱と動揺をもたらしたのも事実であった。

一〇・七都立大総長声明

異常な事態が続く一〇月七日、都立大総長は評議会の承認のもとに、「新大学設立準備体制の速やかな構築を求める」という声明を発表した（巻末・資料1）。このなかで総長は、実際に教育研究にあたる教員が基本構想から詳細設計にいたるまで自由に意見を述べる機会が保障されるべきこと、そのための協議体制を整えること、「同意書」を白紙撤回することなどを訴え、大学管理本部の強権的な手法を強く批判した。その上で新たな協議体制のもと新大学をよいものにする努力を惜しまないことをうたった。この声明は大学を代表する立場にある者が「大学の自治」の擁護を切実に訴えたものであり、大学人の団結をうながす上で大きな意味をもった。

大学管理本部に対する怒りは教職員、院生・学生に広がった。教職員組合は連日、機関誌『手から手へ』をつうじて現状を全大学人に伝えたが、これは大学管理本部が情報の遮断を企てるなかで唯一の情報源としての役割を果たした。その他、一〇月一六日には人文学部教員を中心に「開かれた大学改革を求める会」が結成され、都議会への請願・陳情活動などの運動を開始した。また一一月一日には「都立の大学を考える都民の会」が設立され、学内の運動を外から応援し、かつ都民として率直に現在の大学に対する意見・要望を伝え、都立の大学を真に都民のための大学とする取り組みを行うこととなった。

さらに「新大学構想」発表以来、都立大の院生・学生のなかに研究上の諸権利、学習権などが守られるのかという不安が広がった。特に現在の都立大大学院人文科学研究科では哲、史、文、心理、教育など各分野で研究者養成を行っているが、「新大学構想」では一部の専攻は残らない可能性すらあった。また都の強引な手法に対する不満がおこり、学生・院生たちは大学管理本部に対し説明を求めたり都議会に対する働きかけを行うなど、独自の要求を掲げて運動を展開したのである。

河合塾への業務委託の発覚

大学人と大学管理本部の対峙が続くなか、またも問題が発生する。二〇〇三年一二月五日付『朝日新聞』は、大学管理本部が新大学の設置趣旨・設計等に関して予備校の河合塾に調査委託すると報道した。これは「都市教養教育」の構築に関する資料作成等を行うものだとされたが、問題なのは大学管理本部が、新大学設置申請のきわめて重要な部分について現大学の意見を排除しておきながら、約三〇〇〇万円という公費を使って一民間企業に大学教育の内容を丸投げするという態度である。

『朝日新聞』によれば、大学管理本部は「大学の先生方は……縦割りの検討は得意だが、学際的に横断するのは苦手」と、あたかも大学側が十分な案を作れないかのように述べていた。だが、「単位バンク」などを含む「新大学構想」は大学管理本部が一方的に押しつけてきたのであって、これにもとづく詳細設計について教員がおよそまともな検討を行う条件はなかった。

他方、大学管理本部側のこうした姿勢にもかかわらず、都立大では独自のワーキング・グループが教育課程の検討を地道に進め、一二月三日に都立大総長の主催で行われた全学説明集会で、大学院の全体構成や教養教育に関する対案が報告されていた。こうした経過を見れば、大学教員に新大学の設計を行う力がないから、民間企業に業務委託したという大学管理本部の説明は、根拠のないものであることがわかろう。

反対の声さらに広がる

さらに一二月から二〇〇四年一月にかけて、石原都知事と大学管理本部に対する不満が一挙に噴出する。すでに教職員からは例えば都立大人文学部教授会抗議声明（九月二五日）があげられていた。大学管理本部は、こうした抗議の意思表示をとらえて、「新大学構想」に反対なのは都立大人文学部のみであるという情報操作を行っていた。だが都のやり方を批判する報道が増えたのに業を煮やしてか、石原知事は一二月二四日の定例記者会見で「新大学構想」に反対しているのは保守的、悪くいえば保身、退嬰的な一部人文科学系教員であると非難した。しかし二六日には、都立大理学・工学研究科、科技大教員一一〇名が声明「東京都大学管理本部主導による一方的な『新大学設立』準備の早急な見直しと開かれた大学改革準備組織の再構築を求める」を発表し、年が明けた二〇〇四年一月一四日には都立大「近代経済学グループ」（文部科学省「二一世紀ＣＯＥプログラム」事業推進者）声明、一五日には都立四大学助手共同声明、そして二一日には四大学の教員四三二名の賛同で「都立新大学設立のための開かれた協議体制の速やかな確立を求める」が発表され、「新大学構想」に反対している教員は全大学教員八〇〇人の半数以上であることが示された。学外においても大学教職員組合のみならず、文学、歴史学などの全国学会・研究会が次々と抗議声明をあげ、都のやり方を批判したのである。

協議体制構築への模索

大学管理本部は文部科学省への申請書類の作成過程においても、大学側の意見をくみ取ろうとはしなかったが、一月二七日、都立大評議会は見解と要請「新大学の教育課程編成等に係る責任と権限について――新大学計画に関する問題点と要望――」を発表した。そこでは、教育課程編成等の作業が学校教育法で定められた評議会・教授会の議を経るという手続きをとらず進められていることや、教育責任を十分果たせない制度が押しつけられていることを批判している。特に「単位バンク」や、河合塾への業務委託、新大学大学院がまったく検討されていないことを問題点として指摘し、またすべての教員に対する任期制・年俸制の導入の動きに対し再考を求めた。

だが大学管理本部は、大学側の要請に耳を傾けなかった。さらに二月一〇日には「『首都大学東京』就任承諾にあたっての意思確認書の提出について」なる文書を添え、「意思確認書」を全教員の自宅に送りつけた。これは各教員の新大学への就任意思を個別に確認することで、大学側からの協議体制構築の要求をはねつけようとするものであった。四大学の多くの教員は、大学管理本部が一人ひとりを切り離して反対の声を封じこめ、強引に新大学設置に申請にもちこもうとしていることに大きな怒りをもった。また大学管理本部が、教員に対して意思確認を行うのは文部科学省の要請であるとしたことについて、文科省は「踏み絵を迫るようなことをやれとは言っていない」と不快感をあらわにしたのである（『毎日新聞』二〇〇四年二月一二日）。

このようななかで二月二八日には「都立の大学を考える都民の会」が主催した集会「東京都の教育『改革』で、いま起こっていること――これでいいのか？　都立の大学『改革』――」が日比谷公会堂で開かれ、二〇〇〇名が会場を埋め、強引に設置準備を進めている都に対して大きな圧力となった。

さて、三月に入っても多くの教員が意思確認書の提出を留保していた。マスコミでも新大学設置申請が危ぶまれるなかで、三月九日、山口一久・大学管理本部長、西澤潤一・学長予定者は次のような内容の強圧的な文書を大学に通知した。

すなわち、今後の改革の進め方について、改革である以上現大学との対話、協議にもとづく妥協はありえない。また、意思確認書について、期限を守って提出した者とそうでない者の「仕切」が必要だ。さらに、公に「改革」を批判した者や確認書提出を妨害した者は、確認書が提出されたからといって建設的な議論ができる保障がなく、なんらかの「担保」がない限り、新大学には参加すべきではない。学内を主導する立場にある教員は社会的、道義的責任を自覚すべきだ、というものである（巻末・資料2）。ここに示される大学管理本部と西澤学長予定者の、「改革である以上現大学との対話、協議に基づく妥協はありえない」という乱暴な態度は、大学人の憤激を呼んだ。

二〇〇四年四月現在の状況

都立の大学の教職員、院生・学生、それに学外の幅広い運動により、三月下旬から新大学設置をめぐる動きに若干変化がみられた。三月二三日、都立大総長の呼びかけで、他の三大学学長、大学管理本部長、理事長予定者らによる懇談がもたれ、二九日には教学準備委員会が開かれた。これらの会合では、新大学開設にあたって大学側と大学管理本部、学長予定者、理事長予定者の十分な協議を行うこと、大学院部局化の方向をとり、かつ基礎研究を位置づけることなどが確認されたという。また一定の協議体制構築の方向性が明らかになったとの判断で、これまで意思確認書の提出を留保していた教員の多くが大学管理本部に確認書を提出することになった。だが大学管理本部は、四月に入ってからも大学側との協議を行うという確認を軽視する態度をあらためておらず、多くの批判をあびている。

本来、文科省への設置申請には、現大学の学長、学部長など選挙で選ばれた代表者を協議体制に参加させて、現大学教職員の意見をくみ上げること、また院生、学生の意見を反映させるシステムがぜひとも必要だ。新大学の内容に関しては、経営・教学全体にわたって協議し、例えば「単位バンク」などの、新大学の教学上の権限からして問題のある制度については大幅な修正が行われなければならない。

都立大では意思確認書を提出しなかった教員も少なからず存在するが、これは大学管理本部のやり方に対する不信感がいかに強いかを示している。大学管理本部は、多くが意思確認書を提出しなかった「文部科学省・二一世紀ＣＯＥプログラム」事業推進者からなる「経済学コース」を、開学時に設置しないとしている。しかし法律上の根拠のない意思確認書は、新大学への就任とは連動しないはずであり、これを提出しなかったからといって不利益な取扱いをすることは許されない。

また本申請手続の過程で大学側との協議体制が構築されず、大学管理本部が強権的手法に固執するならば、意思確認書を提出した教員からも、意思確認書の撤回あるいは大学設置申請に必要な「就任承諾書」を提出しない動きが起こる可能性がある。

2　予兆――八月一日への過程――

次には、ひるがえって、一九九九年に石原都政が誕生して以来の都立の大学の改革論議をあとづけ、さらに二〇〇三年八月一日に向かう予兆がどのようなかたちであらわれていたのかを示したい（巻末「都立の四大学統廃合の経緯」参照）。

石原都知事就任と「大学改革」

一九九九年四月の都知事選で石原慎太郎氏は、多くの有力候補を破って都知事に初当選する。翌二〇〇〇年に入り石原知事は都立の大学を民間に売却するなどと発言した。

のちに知事は都議会で「大学改革」に言及するようになる。二〇〇〇年二月には都立の大学を束ね、研究成果、人材を活用して、アメリカのシリコンバレーとスタンフォード大のような連携の体制を作り、東京、日本の産業全体の活性化に資するという構想を示した（二月二九日）。さらに六月には「新しい大学のモデルを東京から発信することにより、日本の大学から日本のすべての教育を変えていく引き金」として改革に着手したと述べ、独立採算制をも視野に入れた経営改革を行うとした。さらにここでは「入学がしやすく卒業しにくい大学」をめざすという構想が示された（六月二八日）。

以上のように、財政問題を主要な背景としながらも、産業活性化の軸としての大学、石原氏の教育論実現の場としての大学が論じられ、これらの要素がそのときどきで比重を変えながら大学統廃合の根拠とされた。二〇〇〇年七月には、新任の横山洋吉教育長に「大学改革」に関する補助執行がまかされ、八月には労働経済局理事であった川崎裕康氏が都立大事務局長に就任し、大学統廃合に拍車がかけられたのである。

包括外部監査と大学リストラ

二〇〇〇年秋、都は都立の大学に関する包括外部監査の結果を発表した。包括外部監査は地方自治法改正で都道府県、政令指定都市などに実施が義務づけられたものである。従来は監査を行う担当者が当該自治体の関係者であり、監査にあたって遠慮が生まれ十分な監査ができないのではないかという批判に応えたものであった。二〇〇〇年初夏に都立の四大学に対して監査が行われ、九月二九日には包括外部監査報告書が発表された。この報告書の「結合収支計算書」では、授業料などの合計から、人件費、備品費などの合計を引き算した数字が一六七億円という大幅な赤字だとして「収支構造の抜本的な改善による効率的な大学運営」を行う必要があるとした。

都立大・短大教職員組合はこの報告書について、ことさら「赤字」を強調することで四大学統合による教職員の削減、受益者負担主義にもとづく際限のない授業料値上げ、そして教育の一元管理をもたらすものであると批判した（教職員組合機関紙『手から手へ』第二〇二六号）。またこの報告書は、包括外部監査人の「提言」として大学統廃合を方向付けていたが、じつはその「提言」はあらかじめ都との協議のもとになされた作為的なものであった。東京都包括外部監査人で公認会計士である筆谷勇氏は、第一二回地方分権推進会議において「ただその提言に対しては、もちろん当該自治体と十分協議した上でやっているということで、我々の意見を勝手に書いてあるわけではないんです。そういうのは書いてくれと（都が）逆に言うんです」と、「提言」なるものの実態を率直に述べたのである。

二〇〇一年に入ると大学統廃合の動きは急速に進む。二月「東京都大学改革基本方針」が発表され、三月には都教育長、関係局長、四大学の総長・学長からなる「東京都大学改革推進会議」が設置された。その後六月東京都大学改革推進会議で、都教育長は、短期大学及び都立大Ｂ類（夜間課程）相当分の教員を削減することを表明し、教員定数一四四名（約二〇％）が削減されることになった。全国でもユニークな存在であったB類、それに一九九六年に統合してスタートした都立短大の廃止の方向を深い議論もなく受け入れてしまったことは、今日からみて現大学関係者が反省を迫られる問題である。

大学法人化の動きのなかで

一九九九年九月、当時の有馬文相のもとで国立大学法人化の論議が進められた。のち二〇〇一年六月遠山文科相が「大学の構造改革の方針」(遠山プラン)を発表し、国立大学の再編・統合、民間的発想の経営手法の導入、第三者評価による競争原理導入という、「構造改革」に国立大学を奉仕させる路線が明確化されたのである。

二〇〇一年七月、都庁内の局に相当する東京都大学管理本部が設置された。翌日には「東京都大学運営諮問会議」が設けられ、岩手県立大学長西澤潤一氏(のち「首都大学東京」学長予定者)が会長となり「外部有識者」の意見を反映させることとなった。同年一一月に東京都は「東京都大学改革大綱」を発表し、四大学の統合、法人化、教職員の非公務員化、能力・業績主義の人事給与制度・任期制導入、教員定数の削減をうちだした。また新大学のキャンパスは南大沢を拠点とし、保健科学部を荒川に置くとされたが、日野には「産学公連携センター」などを設置するのみで、科技大本体は現都立大工学部に吸収するという、リストラの論理によるきわめて不合理なものとなっていた。

地方独立行政法人法第七一条は、公立大学法人の理事長が当該法人が設置する大学の学長となると規定し、国立大学方式を採っている。ところがその但し書きで、学長を理事長と別に任命することが可能となっている。この但し書きは東京都の強い要請により実現したものと思われるが、実際、都の

「大綱」では「経営責任と教育責任の区分の明確化」が強調され、法人の長（理事長）と学長を分離することになった。理事長を任命する知事の意向が大学に反映しやすい制度となっている。

不気味な予兆

二〇〇二年五月、東京都大学改革推進会議にかわって、教育長、大学管理本部長、四大学総長・学長などからなる「都立新大学設立準備委員会」が設置された。以後、都立の大学の教職員は「大綱」への批判をもちながらも、人員の再配置計画から教育課程編成までの新大学設置の準備作業を担っていった。だが二〇〇二年末から翌年春にかけて、知事周辺に「大綱」に対する不満があるとの不気味な噂が流れた。また同時期、新大学の構想のなかに「大綱」にはなかった「ものつくり大学院」を加えろという注文がつけられる事件があった。これものちに大きな意味をもってくる。

二〇〇三年四月には都知事選が控えていた。その直前の都議会で石原知事は事実上の選挙公約である演説を行った（三月七日）。まず知事選への立候補を宣言し、今後も取り組む施策として、大気汚染対策、新銀行設立による金融システムの再生、認証保育所の制度的な認可を国に求めることなどとならんで、「緊急の教育改革の象徴として、都立の大学を一新し、これまでの日本にない、全く新しいタイプの大学をつくりたい」と述べた。この発言は都立の大学関係者にとって奇異に映った。なぜなら、「大綱」に示された都の大学改革案は大幅なリストラを伴うという問題を抱えていたものの、これまでの教育研究体制を引き継ぐものだったからだ。都議会ホームページのビデオ画像に映しだされた石原知事が、演説中「全く新しい」の部分をことさら強調していることの意味が、容易には理解できなかったのである。

さらに五月から六月にかけて、鎌形満征大学管理本部長の辞任、大学改革関係職員の更迭が行われ、産業労働局総務部長の山口一久氏が大学管理本部長に抜擢され、港湾局参事の大村雅一氏が大学改革推進担当参事に就任する。こうして産業労働局・港湾局系の都庁官僚が大学管理本部の中枢を占めたことは、以前石原氏が都議会で述べていた産業活性化の手段としての大学の利用という構想が、前面にでてくる伏線をなした。

一方、新大学開学に向けた作業は続けられていた。そうした努力のすべてを無に帰してしまった八月一日の記者会見から一カ月と少し前、二〇〇三年六月二三日には、第一三回「都立新大学設立準備委員会企画調整委員会」が行われた。ここでは大学側と大学管理本部のメンバーを集めて、公務員養成課程、学生支援、「東京塾」、産学公連携、入学者選抜、新大学の施設整備などが報告・審議された。クーデターが起こされたのは、まさに新大学の詳細設計が大詰めを迎えた時期だったのである。

3 「首都大学東京」とはいかなる大学か

教育研究機関としての「首都大学東京」

石原知事と大学管理本部は、「日本にないまったく新しい大学」のデザインをどのように描いているのだろうか。

都立の四大学は、二〇〇一年一一月に決定した『東京都大学改革大綱』にもとづいて、人文、法、経済、理、工、保健科学、大学院人文科学研究科、法学政治学研究科（法科大学院を含む）、経済学研究科（ビジネス・スクールを含む）、理学研究科、工学研究科、総合都市研究科、保健科学研究科からなる単一の総合大学となる予定であった。この案では短大での教育研究が引き継がれない可能性があることや、多くの研究蓄積をもつ科技大が現都立大工学部に吸収されるという不合理な面があった。その他にも問題はあったが、とにかくこれまで都立の四大学が培ってきた教育研究の成果を引き継ぎ発展させる方向での制度設計を行うべく、努力が払われてきたのである。

しかしこうした努力は否定された。新大学（「首都大学東京」）は、「大都市における人間社会の理想像を追求」することを使命として、大都市の現場に立脚した教育研究に取り組むとされた。南大沢に都市教養学部と都市環境学部を置き、日野にシステムデザイン学部、荒川に保健科学部（のち健康福祉学部と改称）を配置する。都市教養学部には現都立大の多くの部分が移行するが、現人文学部にある文学、哲学、史学、理学部に属す体育の教員、ならびに短期大学の教員の少なくない部分が基礎教育センター、エクステンションセンター（のちオープンユニバーシティ。おもに公開講座を担当）配属になる。また将来都市環境学部には観光・ツーリズム、システムデザイン学部にはメディア・アート、産業系デザインといったコースを置くことが構想されている。

さらに「現代に適合した人間教育のための全寮制」（「東京塾」）や、「単位バンク」の導入が予定されている。

「東京塾」（のち「東京未来塾」）は「学校・家庭・地域でのトータルな教育改革」のため、都立の大学と高校が連携し、日本の将来を担いうる「改革型リーダー」の育成を図るという。対象は都立高校三年生の五〇人程度で、これらの生徒を都立の新大学に入学させる推薦入学制度が創設されるらしい。

「単位バンク」は、今回の新大学の目玉商品とされてきた。学生が自分のキャリア形成にとって必要とされる知識・能力を修得するために最適なカリキュラムを自由に選択し、学内外の幅広い教育資源を利用して修得する制度とされている。これまでも他大学で修得した単位を卒業に必要な単位として組みこむ制度があったが、「単位バンク」では卒業に必要な単位数の半数程度を認定するという。これはライフスタイルの多様化に対応した勉学の機会の保障という意味で、使いようによっては効果があがる場合もあろう。他大学の講義を聴講し資格取得や自分の専門分野の学習に役立てることも現在も多くみられるからである。だが自分の大学の単位数に匹敵するような他大学等の単位を、それも聴講料を別途支払って取得することが一体どれほど合理的であろうか。

「単位バンク」導入の背景は、大学管理本部が、必修科目を置くなどして専門分野のカリキュラムを体系的に学ばせることに大変消極的だという事情がある。彼らは専門性すなわち「タコツボ」という単純なイメージの虜であり、大学での専門性の意味とその社会的ニーズを理解しようとしない。大学をかぎりなくカルチャー・センターのようにイメージしているのではないか。

また「単位バンク」を運営するため作られる、「科目登録委員会」が新大学の授業科目を含む教育資源の評価基準を決めるという。評価に満たない授業科目は、たとえ自分の大学の授業であっても、単位として認定しないという。講義の内容そのものに対して学外者を含む「科目登録委員会」が評価を行い、単位として認めないということは、教育内容への干渉・検閲にほかならない。

ところで二〇〇三年度にビジネス・スクールが、二〇〇四年度には法科大学院が開設された。だが現存する大学院の研究教育を引き継ぐべき研究科については、二〇〇六年度に発足させる予定だという（二〇〇五年度については、現大学院と同じ構成のものを暫定的に設置）。新大学院の構想は「新大学構想」にはなく、大学管理本部はようやく二〇〇四年三月になって、教学準備委員会のもとにワーキング・グループを作った。大学院を、これまで都立大や科技大などで行われてきた研究者養成を主とするのか、産業政策への従属を主とするのか、現在つばぜりあいが行われている。

新大学の法人組織——経営の優位——

新大学法人は経営の論理が貫かれるものとして構想されている。まず知事が任免する理事長は、法人を代表して業務を「総理」し、役員及び教職員の任免・教職員を指揮監督する権限をもつ。学長は理事長を補佐し大学運営の重要事項を決定し教員、部局長の任免・降任を申し出、教員を指揮監督する。学長は副理事長であり、学長選考会議の申し出により理事長が任免することになっている。さらに理事長のもとに置かれた経営審議機関で経営に関する重要事項が審議され、教育研究に関する重要事項は教育研究審議機関で検討される。教授会も置かれるが、権限は限定される。また学長の任免は、両審議機関の代表委員からなる学長選考機関が行う。加えて、理事である事務局長は理事長、副学長を補佐し業務を掌理するが、教育、研究の死命を制する研究費評価・配分委員会、人事委員会のトップでもあり、両審議機関にも加わるという強い権限が与えられる。また、理事会はおかないので理事長の任免は知事しかできない。

以上が新大学の法人組織の概要だが、大学の教育・研究を担う現場の教職員ではなく、理事長、事務局長に強い権限が与えられていることがわかる。法人理事長予定者は高橋宏氏。石原知事の一橋大学時代からの友人で郵船航空サービス(株)取締役などの経歴をもち、知事のブレーン組織である「東京の問題を考える懇談会」メンバーでもある。

前代未聞の人事制度

二〇〇三年一一月大学管理本部は「新大学の教員の人事・給与制度（任期制・年俸制）の概要について」を教職員組合に示した。それによると教員は新大学発足にあたり「旧制度」、「新制度」のどちらかを選択する。「旧制度」の場合、昇進（例えば助教授から教授への）はなく、かつ現給据え置きで定年を迎える（能力によって昇進も昇級も可能な現行制度とは明らかに違っており「旧制度」というのは間違いだ）。また「新制度」の場合、主任教授、教授、准教授、研究員という職を設ける。主任教授はパーマネント、教授は任期五年で再任可、五年以上つとめた場合主任教授の審査を受けることができる。准教授は任期五年で再任は一回のみ。また助手にかわる研究員は任期は五年で三年まで延長可、研究員歴三年以上で准教授審査を受けられるという（のち当局案は、学校教育法上は助手である「準教授B」なる職も設けた）。

年俸制は、給料を基本給、職務給、業績給に分け、授業の担当数、教育・研究活動の業績・社会的貢献の評価によって額を決めるものである。各部分の人件費の原資の比率は、基本給が五割、職務給が三割、業績給が二割となっている。

なにが問題か。第一に明らかに給与・人事制度の改悪である。「旧制度」、「新制度」を選択できるというが、「旧制度」がいう昇給も昇進もない賃金制度などというのは前代未聞である。若手にとっては事実上、ポストに残ることは考えず他大学への転出をはかるか、「新制度」に移行せざるをえない。その意味で事実上教員全員に「任期制」、「年俸制」を押しつけるものだ。「新制度」も主任教授に昇進するまで、何度も解雇される危険があり、明らかに現行の人事・給与制度からの後退である。

第二に大学運営システムへの悪影響である。大学管理本部は「新制度」導入により大学内の「主従関係」をなくすという。「白い巨塔」にみられるボス支配の打破という、人々の耳目に入りやすい言い方だ。だが、主任教授が他の教員の業績評価に深くかかわることになれば、逆に大学運営におけるボス支配が制度化する可能性が高い。すでに新大学の学部長予定者は、大学管理本部に忠誠を誓った人物が選定されているのだからなおさらだ。

さらに、「新大学構想」では助手の位置づけがはっきりしていない。今の都立の大学では助手がいなければ教育研究体制はなりたたない。新大学では任期制、年俸制を前提とした「研究員」なるポストを置くことが考えられているが、大学管理本部は現大学における助手の日頃の業務内容を正確に把握していない。理工系の場合、学生・院生の指導から研究室の日常的な運営など多くの仕事がある。現大学の理工系の助手に関して大学管理本部は、各助手の専門分野とは違う分野への「再配置」も一方的に行うとしている。事実上、研究継続の道をふさぐもので、大変問題である。また文系学部の助手については、四月の時点でもほとんど検討されていない。

新大学の運営への不安

以上を総合して判断するに、新大学の運営は否定的な意味で「日本にない全くあたらしい」ものになりかねない。

地方独立行政法人法の衆参両院の附帯決議は、公立大学法人の定款の作成、総務大臣及び文部科学大臣等の認可に際しては、憲法が保障する学問の自由と大学自治を侵すことがないよう、大学の自主性、自律性が最大限発揮し得る仕組みとすることを求めている。また公立大学協会は「法人化に際しては、大学の教育研究の特性に配慮すること」、さらには「法人化は大学と十分に協議し、双方の協働作業として進めていくこと」を訴えている（「公立大学法人化に関する公立大学協会見解」二〇〇三年一〇月二日）。

しかし二〇〇三年八月一日以来の大学統廃合の進め方は、強権的手法により教員の意見をかたくなに聞こうとしないという状態が続いていた。附帯決議の精神は守られていないし、「公立大学協会見解」が、公立大学協会会長で新大学学長予定者の西澤潤一氏自身の名前で発表されていることが奇異に感じるくらいだ。

新大学の運営にこうした手法がもちこまれない保証はあるだろうか。教職員組合は、大学の民主的運営を願う教職員、院生・学生と大学管理本部、学長予定者、理事長予定者の間で充分な協議が保障されるように働きかけ、学外の人々の期待に応えることのできる新大学の実現をめざしている。

Ⅱ　石原流首都改造計画と大学

これまでみてきたように、都立四大学の統廃合と新大学づくりの過程は、教職員や学生を無視し続ける姿勢において「前代未聞」の強引さである。果たしてこれは「石原慎太郎」という個性に帰されるべき特徴なのだろうか。

私たちは、そうは考えない。それは表面での「石原色」による迷彩が施されてはいるものの、日本全体で進んでいる「構造改革」の一環としての大学と教育の構造改革が最もむき出しの形をとっているのだと考えている。ただし、東京という特殊な自治体の特質からくる特徴ももちろんあるが、右のような問題意識で、石原都政の大学改造の背景を三つの面から具体的に検討しよう。

それは、①東京都の産業振興政策との関連、②自治体運営の手法との関連、③初等・中等教育の「教育改革」との関連、である。

1　「行政改革」から「産業力強化」へ

石原都知事二〇〇〇年六月所信表明

二〇〇〇年六月の都議会所信表明で石原慎太郎都知事は、「私は、新しい大学のモデルを東京から発信することにより、日本の大学から日本のすべての教育を変えていく引き金としたいと考え、都立の四大学の改革に着手いたしました」と、それまで「放言」ととられるような言い方で述べてきた大学再編の意図を施策課題として正式に宣言した。改革の内容として挙げたのは、①「教育者間の健全な競争原理」の導入、②独立採算制をも視野に入れた経営面の改革、③入学がしやすく卒業しにくい大学、であった。ここでは、小・中・高に引き続き、石原流教育観で都立の大学を染めることと並んで、危機的状況の都財政再建のための福祉や教育の切り捨ての一環に大学を組み込む意志が表れている。この発言と同時進行で、すでに触れた、「都立四大学で合計約一六七億の赤字」という、言いがかりのような包括外部監査（筆谷勇公認会計士）が行われ、マスコミを通しての都立大攻撃が開始されていく。

石原都知事特有の「教育改革」という色づけはありながらも、国立大学法人化が「行政改革」の観点から出発したのと全く同様に、このころは都立の大学に対する都からの要求は主として徹底した経費削減と産学連携の強化であり、法人化もその文脈の中の選択肢の一つに過ぎなかった。二〇〇〇年一二月に発表された『東京構想２０００』でも大学改革の内容については主管することとなった教育庁らしく、高校教育との連結や生涯教育への貢献が強調され、産学公連携の強化や「経営責任の明確化」については全国のどの国公立大学でもいわれている内容だけであった。

ただし、この『東京構想２０００』で、首都再生の重点項目として、破綻に瀕している臨海開発へのてこ入れと並んで、秋葉原を中心としたＩＴ産業がはじめて大きく取り上げられたことは後の経過を見る上で注目しておく必要があろう。

教育庁主導の大学改革案

二〇〇一年二月に教育庁の主導の下に策定された『東京都大学改革基本方針』の主な内容は、①教育機能の強化、②社会への貢献、③都民から信頼される運営体制の確立、④大学の再編・統合、であり、その具体化のため三月に、横山洋吉教育長を委員長とし、総務局長、四大学学長を委員とする「大学改革推進会議」を発足させた。このとき初めて正式に「都立の大学にふさわしい形態での法人化を検討」することとなった。教育長をトップにしていることでわかるように、東京の「大学改革」は教育庁管轄で進められ、同年七月に大学管理本部が設立されて初代の管理本部長に就く鎌形満征氏も教育庁の次長からであり、改革の具体的作業を担う参事以下も教育庁のメンバーであった。

大学管理本部の発足と同時に『改革大綱』策定のために、外部有識者からなる「東京都大学運営諮問会議」が西澤潤一岩手県立大学長を委員長として発足したが、その一方で石原知事は九月都議会で「大学が社交場と化している」と決めつけ、入試制度の見直し、夜間課程の廃止、ビジネス・スクールの開設を提案し、同時に採算性が悪いとして都立大の公開講座「都民カレッジ」をなくす、と「改革推進会議」や「運営諮問会議」の議論と無関係に『改革大綱』の方向を決定づけている。

「産業力強化会議」の誕生

ちょうど、二〇〇一年二月の『基本方針』から二〇〇一年一一月の『改革大綱』までの時期と重なって、石原都知事は都政の方向を大型開発、土建行政に集中させていったことを忘れてはならない。二〇〇一年三月「秋葉原地区まちづくりガイドライン」を策定し、六月「首都圏再生五か年十兆円プロジェクト」を国に対して提案し、また「工業等制限法」の撤廃を国に迫っている。これらは知事本部が直接起案したものである。そして、それらの提案、要望が受け入れられるのを見越して、『改革大綱』

発表直後の一二月には、秋葉原駅前の都有地を売却して、集客、産学連携、情報ネットワークの三つの機能を持ち「世界的なＩＴ産業の拠点」となる「秋葉原ＩＴセンター」（秋葉原クロスフィールド）の事業者募集を開始した。

このセンターは、大学に関連した施設としては「サテライト連合大学院（年間学生数二五〇名）」「プロフェッショナル教育センター（遠隔教育を主とした年間一万人の教育施設）」をはじめ起業センター、産学連携プラットホームなどを有するとされている。この事業は数々の疑惑が囁かれる中で、鹿島建設とＮＴＴ都市開発の共同出資会社であるＵＤＸ特定目的会社一社のみの応札で翌二〇〇二年二月に落札された。注目すべきなのは、建設費用総額五七〇億とされるこの大型工事のスケジュールである。再編・統合された新大学の発足予定である二〇〇五年に一部竣工で、全面竣工は、「新構想に基づく新大学院」が発足する二〇〇六年三月なのである。

大学改革の密かな方向転換

第一期石原都政の三年目に当たる二〇〇二年は、三年連続の赤字決算で都債残高七兆四〇〇〇億（その償還だけで年間八〇〇〇億）で出発し、福祉、教育、住宅、産業労働など都民の生活に直結する分野を切り捨てる一方で、臨海副都心線（現りんかい線）の整備、湾岸地域の都市基盤整備、都心部再開発事業などだけが突出する開発、土建行政へのなりふり構わない純化がいっそう際だってくる。そしてまさしくこの年に、都の「大学改革」の意味づけの切り替えが密かに行われたのだった。

五月に秋葉原ＩＴセンター起工式に知事が出席し、六月には国の「都市再生本部」に「都市再生緊急整備地域及び地域整備方針」を申し入れ（東京・有楽町地域、秋葉原・神田地域、東京臨海地域等七地域）、七月に予定通り全面的に受け入れられた。さらに九月には日本政策投資銀行が「開発型メザニンファンド〝都市再生ファンド〟」の第一号として秋葉原ＩＴセンター（秋葉原クロスフィールド）を指定し、リスクの大きい部分を引き受け、その周りに野村證券を中心として、東京三菱、住友信託、三井住友などの銀行が社債やシニアローンを引き受ける体制ができあがる。

産業政策面で、石原知事の中央集権的な都政の手法として特に重要なのは、この年九月に「産業労働局の所管の事業にとどまらず、ものつくり企業が今後も存続するための環境整備や人材育成についてまで」立案するために、産業振興担当副知事をトップとする、「関係する複数の局が全庁的な立場から参加し、施策化を図っていく」（二〇〇二年九月一二日の都議会経済・港湾委員会での産業労働局、泉本参事の説明）組織として作られた「産業力強化会議」である。これ以後、各局の機構に優越してここでの決定が推進されてゆく。知事直結の産業振興政策をすべての局に貫徹させるこの体制が作られたとき、のちの大学管理本部長山口一久氏は産労局ナンバー２の総務部長である。

一方、四大学の再編・統合はこの年五月に新大学の基本構成が決定されたのを受けて、四大学の学長、教育長、大学管理本部長等を委員とした「都立新大学設立準備委員会」（委員長＝横山教育長）が発足し、急ピッチで二〇〇五年四月の発足に向けた詳細設計に入っていった。後に、多くの点で根本的な変更が行われるが、この段階の計画で現在まで継承されている事項は、短大、都立大Ｂ類の廃止、教員の大幅削減、地方独立行政法人法にもとづく法人化などである。

東京の産業力強化に役立つ大学を

「産業力強化会議」に象徴される都政の特徴は二〇〇二年一一月に知事本部から発表された二つの文

書、「平成一五年度重点事業」と「平成一四年度行政評価（政策評価）」にきわめて率直に語られている。すなわち、都民生活の様々なニーズをサポートする行政は過去のものとして、「国際間都市競争」に勝ち抜くために行政はその権限、権能を使って「市場」を創設するのだ、とする。その例として、ディーゼル車規制（ディーゼル排ガス除去装置、プロパンガスや天然ガス燃料の市場創設のために行政が規制をかける）、認証保育所（「措置行政」をやめ、保育への企業参入を促す）などをあげて、同じ方式をカジノ（観光業、家電、ゲーム産業のため、また臨海地区の付加価値を増す）や中小ジェット機開発（羽田空港拡張、米軍横田基地利用）に広げることを宣言する。これらは、翌二〇〇三年一一月に発表された「平成一六年度重点事業」でさらに強調されている。

こうした石原集権都政は新大学計画に新しい要素を加えていった。というより、都当局自身も曖昧な概念だった「都民に役立つ大学」の具体化が、国政レベルでの「大学の構造改革」（たとえば「遠山プラン」）に対応した、「産業力強化に役立つ大学」という解答にたどり着いた、というべきであろう。ただし、よりむき出しで近視眼的であり、教育基本法等の精神を無視した産業奉仕の色合いをより濃くしたものだったが、二〇〇三年七月に成立した地方独立行政法人法がそれを可能にしてしまう。

「産業力強化会議」発足後の二〇〇二年末、進行中の新大学の設計に対して「知事サイドから」突然、大田・品川地区への「ものつくり大学院」設置案を加えろ、という注文がつけられた。大学管理本部は限られた人員、予算では無理だと虚しい抵抗を示したが、結局「今後の課題として来年度（二〇〇三年度）の調査項目」とせざるを得なかった（のち新大学の構想に組み込まれる）。

東京都版「大学の構造改革」へ

「産業力強化」行政の一つの重要な手段になっていった「新大学」計画を進めるためには、大学代表が加わって進めてきたそれまでの大学設計の内容も手法も否定されなければならなかった。

二〇〇二年末以降翌年度までの人事異動のたびに大学管理本部中枢から教育庁系のメンバーが去り、『改革大綱』にもとづく詳細設計に関わって来たメンバーのほぼすべてが一新された。二〇〇三年六月に、まだ定年まで二年余を残していた鎌形管理本部長が勇退を迫られ、山口産業労働局総務部長が大学管理本部長に「抜擢」され、続いて実務のトップを担う大村改革担当参事が六月に、宮下調整担当参事が八月に着任することでこの人事は完了した。これら新しい幹部はすべてが港湾局、産労局、知事本部を経ており、これらの局が都心再開発、臨海開発の主務局であることは言をまたない。

二〇〇三年八月一日のクーデター的転換は、あたかも経済産業省が文部科学省を膝下に敷いたようなもので、「産業力強化」にとっては、「大学の自治」や「学問の自由」はもとより、現大学の教員たちの意向や学生の要望などには眼中にないのである。

大学管理本部が「産業力強化」本部となったことをさらに証明するのは、二〇〇三年から「大学管理本部」の管掌事項に、東京都のすべての公設試験研究機関の研究課題調整と将来計画の策定が含まれるようになり、そして、二〇〇三年一一月には、東京都のすべての研究資源（大学、研究所）の産業現場への大動員令であり、初等・中等教育さえも使った「産業のニーズに合った」人材養成宣言ともいうべき『産業科学技術振興基本指針』（二〇〇四年二月、正式に『産業科学技術振興指針』となった）が、大学管理本部で作られ、発表されていることでも明らかであろう。

2　石原型ニュー・パブリック・マネジメントと大学統廃合

都立の大学の統廃合をはじめ、この間都の進める行政のリストラ政策は、単に財政難という理由のみから実施されているのではない。一九八〇年代なかば以降イギリスなどを中心に、新自由主義的行財政改革のために形成されたニュー・パブリック・マネジメント（ＮＰＭ、「新・自治体経営」）の論理から導きだされる。

現在ＮＰＭは多くの自治体に導入されているが、その特徴は、行政サービスに市場原理を導入する、ある施策を企画する部分と執行する部分を完全に分離する、業績や成果にもとづいて管理を行うという点である。行政の効率化は必要な面もあるが、競争や経営の論理を自己目的化するならば、東京都のように行政の新自由主義的再編が進行することになる。

ここでは、都のＮＰＭ路線のなかでの大学統廃合問題の位置を検討するが、その際、石原知事の独自の政治手法にも注目したい。それは都のＮＰＭ路線に特殊な性格を刻印して、今回の大学統廃合を進めるのに大きく寄与してきたからである。

都政におけるＮＰＭの展開

一九九九年四月の就任まもない頃から、石原知事は、これからの時代に求められるのは「結果の平等」ではなく「機会の平等」だとして、この原理のもとで産業政策、教育・福祉政策を推進することをうたっていた。これは石原都政が誕生する二カ月ほど前に、小渕首相（当時）の諮問機関である経済戦略会議が発表した「日本経済再生への戦略」などでおなじみの言説である。

都政におけるＮＰＭ路線の開始は青島知事時代の末期だといわれるが、国レベルの新自由主義的構造改革に対応して石原知事はＮＰＭ路線を徹底的に推進した。例えば都立高校改革にみられる公的教育サービスの縮小・差別化、都立病院の再編、公的福祉サービスの大幅削減、公社住宅建設事業の事実上の放棄、「都庁改革アクションプラン」にもとづく行政改革、そして都立の大学の統廃合と独立行政法人化である（進藤兵「ニュー・パブリック・マネジメント論議の批判的検討」）。これらは、競争や経営の論理を貫徹して、教育や福祉の本来の役割をゆがめる結果となったのでる。また企業の経営革新や起業・創業を促す場を構築することを一つの政策目標としており、１で明らかにした都の産業政策も、ＮＰＭ路線の一環として登場したものだといえる。

石原型ＮＰＭの性格としての「ネオ・リベラル型ポピュリズム」

石原都政の進めるＮＰＭ路線は、ＮＰＭの一般的な性格を備えている。だが大学統廃合の過程などを詳細にみていくと、都のＮＰＭ路線にはＮＰＭ一般には解消できない特殊石原知事的な性格があることに気づく。

これまでも石原知事のポピュリズム的政治手法については再三指摘されてきた。彼の放言は、「三国人」発言、「爆弾を仕掛けられて、当ったり前」（外務省田中均審議官に対して）などかなりの数にのぼるが、いずれもが周到な計算のうえでなされたものである。戦後的な民主主義感覚、人権感覚を逆撫でするような言辞は、人間のもつ非合理的情念に訴えてある種の共感を覚えさせることができる。その一方で、石原知事は世論のもつ合理的側面をもうまく利用する。例えば彼は、都の強引なやり方に反対する大学人を「保身」、「退嬰」などと決めつけている。「一〇年一日のごとく同じノートを読み上げる講義」というのはやや戯画化されているが、こうした傾向が一部であるにせよ大学人の間に存在していたことは否めない。石原知事の「保身」発言はそうした問題を抱えてきた大学という場を批判する世論を、動員しようとするものである。

ところで政治学者の大嶽秀夫氏は、新中間層をターゲットとし新自由主義との多くのレトリックを共有するポピュリズムとして「ネオ・リベラル型ポピュリズム」をあげている。それは単に大衆にアピールするだけではなく大衆的支持を背景に、既得権化した「鉄の三角形」(官僚、政治家、業界)に攻撃を加え、その権益を解体する意図をもつ。同時に政治のプロだけではなく、医師、教師、労働組合指導者などのプロフェッショナル集団への不信を表明する思想でもある。これらの集団は、大衆利益実現を旗印に自己利益を追求する偽善者として描かれる(大嶽秀夫『日本型ポピュリズム』)。

石原知事の政府省庁への批判的、挑戦的言辞は、国家官僚への大衆の憤懣を動員しつつ行われているし、都立病院批判、小・中・高等学校教員へのしめつけ、大学人批判も、「既得権化したプロフェッショナル集団に対する反発」という社会的雰囲気のなかで理解できる。都立大はある時期までは著名な進歩派知識人が多く存在し、かつては石原氏が挑戦して敗北した美濃部都政の運営においても関係者が少なからぬ役割を果たした。こうした都立大を保身をはかる学者の集団として描くことは、彼の政治目的にとっても好都合なのである。また「日の丸」、「君が代」をめぐる教員などへの執拗な攻撃も、石原都政の復古主義的傾向だけでなく、「ネオ・リベラル型ポピュリズム」の性格から導きだされてくる対応である。

マスコミの利用

さらに以上の性格から必然的に導きだされることだが、徹底的なマスコミの動員と情報操作が石原型ＮＰＭの特徴である。二〇〇三年八月一日に典型的にみられるように、大学でまったく議論もしていない構想を記者発表して既成事実化させ、かつ大学人を恫喝するという手法、あるいは大学に対する同一の攻撃材料を、繰り返し流すやり方は、石原知事と大学管理本部の常套手段となりつつある。

大学統廃合論議の先鞭をつけた二〇〇〇年の包括外部監査においても、マスコミが大いに利用された。報告書発表後一〇日ほどで店頭に並んだ『文藝春秋』（二〇〇〇年一一月号）では、「グループ03」なる覆面ライターの文章を掲げ、都立の大学が大幅な赤字をだし、それが「都民の背にのしかかっている」ことを強調した（「首都『大赤字』暴かれた実態」）。また報告書が発表された九月二九日朝刊の『毎日新聞』「ひと」欄には、川崎裕康都立大事務局長が登場した。「都知事の特命で改革に取り組む都立大事務局長」、「危機意識とコスト意識、世間の常識の三つをカバンに詰めて大学に通う」との見出しがあり、「学生一〇人に教員一人という申し分ない教育環境にありながら、存在感を示せないままでいる。都立大の卒業生はおうようで都庁も採用しない、と冷やかされる。加えて都の財政難も深刻だ」と都立大批判を展開し、「総長とも対決する。大切なのは大学人の意識改革」との決意が表明された。

この日の『毎日新聞』夕刊社会面には、同じ記者による「都立四大学、大赤字　都外部監査『統合も視野に』」という記事がのり、「石原慎太郎都知事は都立四大学の統合構想を打ち上げるなど大学改革に意欲を示しており、今回の監査結果でその流れが加速しそうだ」と報道した。二つの記事は、この日の包括外部監査報告書発表にあわせたものだろう。大学人がいかにコスト意識、世間の常識がないかということを強調し、大学統廃合の必要性を世論に訴えるものなっているが、石原知事が繰り返し述べる、保身をはかる学者先生というような発言ともつうじるものがある。これらは石原型NPMの「ネオ・リベラル型ポピュリズム」的性格に典型的な言説である。

以上のような石原型NPMの手法は、大学という場がもってきた弱点ともあいまって、都立の大学の統廃合に大きな効果をあげてきたといえる。公立大学というものが、それを設置する自治体のNPM路線の展開、あるいは首長のパーソナリティによっていかに翻弄されるのかを思い知らされたのが、この間の東京都や横浜市の事態ではないか。

しかし石原型NMPも矛盾をかかえている。例えば包括外部監査にみられるような行政側の見えすいた作為性と情報操作である。学術文化に対するリストラが、結局は都民の利益とはあいいれないことも、次第に理解されはじめている。また、こうした都政リストラは、一部都庁官僚（彼らもNPM路線により既得権を侵害されようとしている）の自己防衛という側面をもっているのである。

3 突出した東京都の教育「改革」——都立高校再編から「君が代」強要まで——

このような大学改革は、高校以下に対する教育施策とも連動している。石原知事は就任以来、都立四大学の改革について「大学を変えることを通して教育全体を変える」と再三発言してきた。石原都政の教育改革は、小・中・高校や障害児学校の改革においても突出している。そこでは一方ではNPM型を採り入れた学校経営と教員管理・学校リストラ、他方では君が代・日の丸など「愛国心」と国家主義の強要、そして教職員や生徒・保護者の声を排除した「行政裁量」による非民主主義的なトップダウンが横行している。大学改革は、このような公教育否定の一環でもある。

卒業式で教員一八〇人を処分

石原都政の強権的「改革」は、小・中・高校や障害児学校においても全国に突出している。今年（二〇〇四年）三月の卒業式に東京都教育委員会は、全ての都立高校・障害児学校に教育庁職員を監視のため派遣し、「国歌斉唱」の際起立しなかった教職員約一八〇名を懲戒処分した。国旗の掲揚位置から式次第、司会の「国歌斉唱」という発声までを事細かに通達と職務命令で指示し、教員の座席表を作成して起立のチェックを行う異常な体制のもとで行われた今年の都立高校などの卒業式を、『朝日新聞』社説（三月三一日）は「そうまでして国旗を掲げ国歌を歌わせようとするのは、いきすぎを通り越して、なんとも悲しい」とした。壇上にのぼることが困難な肢体不自由生徒を配慮して、これまではフロアで行われていた障害児学校の卒業式も保護者の反対を押し切ってこの指示に従い、フロアなら自力で卒業証書を受け取れる生徒も車いすに乗せられることになった。姿勢を保てない生徒を介助する教員は、「国歌斉唱」の間、子どもを床にねかせたまま起立することを求められた。

生徒や保護者の声を無視した都立高校の大幅統廃合・再編

東京都教育委員会は、一九九七年から都立高校の大幅な統廃合と学区撤廃、中高一貫校など「進学校」づくりなど、大がかりな再編成をはじめた。全日制二〇八校、定時制一〇五校(九六年度現在)あった都立高校をそれぞれ一八〇校・四五校に統廃合するとともに、中高一貫校・総合学科・単位制（進学型を含む）・チャレンジスクール(昼間定時制)、トライネットスクール(通信制)などの「新しいタイプの高校」を合計五〇校設置するなどを中心としたものである。複数の既設校を廃止して一つの新設校を設置するため、廃校となる学校は全日制六七校、定時制六三校に及ぶ。少人数学級化を求める強い声が保護者や教職員の中にあるにもかかわらず、計画では学級規模は四〇人のままにすえおかれる。仮に三〇人学級にした場合には都立高校は余るどころか逆に大幅な不足となるのである。

ここでも生徒や保護者、教職員らの声は全く無視されている。東京都公立高校ＰＴＡ連合会はこれまでに二回にわたって、生徒・保護者・教職員の中にまだ多くの疑問があるなど、決定の延期を求める要望書を提出した。ＰＴＡ連合会がこのような要望書を出すのはきわめて異例のことだが、それでも決定は「予定通り」に行われた。またさまざまな事情で遠距離通学の困難な生徒も多い夜間定時制高校の大幅な廃校について、「定時制を守る生徒の会」が教育庁担当者に面会を求めた。しかしそこでは、生徒の声は各学校で校長をとおして聞いているとして在校生を退席させた上、残った卒業生には「私学なら君たちは退学になっている」という発言までが担当者から飛び出した。

職員会議のない学校――物言えぬ教師たち――

学校運営や教員管理の面でも突出した「改革」が進んでいる。学校運営では「校長のリーダーシップ」の名の下に、職員会議を校長の諮問機関に格下げし、さらに校長・教頭や新しく設置された主幹（主任の職制化）など一部の教員のみで構成される企画調整会議を学校運営の中心におこうとしている。さらに都立高校などでは校長は三～五年間の学校経営計画と各年度毎の数値目標を設定して教育庁に届け出ることが義務づけられている。教育庁がそれらの計画・目標を査定した上で「重点支援校」を選び、そこには予算や人員を優先的に配分することが二〇〇二年よりはじまった。さらに二〇〇一年四月からはこれまであった校長会に代えて教育庁の主催する校長連絡会が置かれることとなったが、そこでは民間企業の支店長会議さながらの厳しい点検が各校長に対しておこなわれているという。

教員管理では二〇〇〇年四月から、全国に先駆けて教員への人事考課が始まった。やり方は「能力開発型」をうたってはいるものの評価結果の本人開示もなく、最終的には処遇や給与にその評価を結びつけることが当初からの目的に示されている。やり方も都庁行政職に対しておこなわれているものとほとんど変わりがない。教員という専門職にふさわしい評価方法とは到底言えないものだ。浦野東洋一氏（東大教授＝調査時）がおこなった調査では「人事考課制度によってもっとがんばろうという意欲が高まっている」という答えは校長でも三二％、一般教員では九％にすぎない。また東京都高等学校教職員組合が一般教員全員を対象に行った調査でも「マイナスの影響が出た」（七六％）「定着したらマイナス」（八八％）などむしろ否定的な評価が圧倒的だ。

二〇〇三年九月からは、全教員に「週案（週単位の授業計画）」の提出を義務づけるようになった。一時間ごとの授業内容にまで監視の目を光らせようとしている。また二〇〇三年七月には「教員定期異動実施要領」が変更され、一つの学校の在職期間がわずか三年で異動させられることとなった。

教育という仕事は、一人ひとりの教師が目の前の生徒に直接責任を持っておこなわれるものである。また学校は、教職員と生徒が一体となって長い時間をかけてその校風や文化がつくりあげられていくものだ。しかし東京都のこうした学校「改革」は、民間企業のやり方をまねて、まるで生きた人間ではなく「もの」を相手にしているかのような学校に作り変えようとしている。人事考課と職員会議の形骸化、懲戒処分を背景にした職務命令、短期間での異動などの中で、物言わぬ・物言えぬ教師づくりが進もうとしている。

七尾養護学校で起こったこと

こうした石原都政の一連の教育政策・施策の中でも、極めつけは二〇〇三年七月～九月に行われた都立七尾養護学校への強権的な介入だ。都議会での土屋たかゆき議員（民主党）の「行き過ぎた性教育」という質問に、知事や教育長がただちに「あきれ果てるような事態」「極めて不適切な教材」とその場でこたえ、翌週には指導主事ら三〇数人による七生養護学校の調査が行われ、教職員全員から事情聴取を行うとともに性教育教材などを押収した。この問題でも『産経新聞』が七生養護学校非難の大キャンペーンを張った。そして九月には前校長の降格を含む養護学校教員の大量処分が行われた。

七生養護学校での性教育は、知恵遅れの子どもたちが性被害に遭いやすく、被害にあってもそれを親や教師に正確に訴えられないという、障害児学校の子どもたちの現実から出発したものだった。知恵遅れでも子どもたちは同じように思春期を迎える。性の問題を避けて通ることのできないなかで、教職員集団の長年の努力の中から手作り教材が工夫され、全校的な性教育実践は、全国的にも注目を浴びるようになり、校長会主催の毎年の研修会でも再三にわたり紹介・評価されてきた。保護者にはその目的や内容があらかじめ紹介され、教員に対する保護者からの信頼も高かった。

こうした貴重な努力に対して、知事と教育長が議会の場で教育内容の可否を一方的に断定し、養護学校関係者が一人も含まれない調査委員会で教育内容・教材についての判断を下し教員を懲戒処分するということは、教育への行政と議会による重大な介入、教育の自由への深刻な侵害である。

Ⅲ　都立の大学における改革の展望

二〇〇三年八月以来、都立四大学の教職員と学生は石原都知事、大学管理本部のなりふり構わぬ圧迫に抗議し、大学と当局との対等な協議を求めてさまざまな方法で運動してきた。本稿執筆現在、文科省への設置申請をめぐってのせめぎ合いのまっただ中にあり、最終的な決着は予測しがたいが、この項では、これまでの八カ月あまりの過程で得られたいくつかの貴重な経験をまとめ、さらに、いまだ具体性に欠けるとの批判を覚悟の上で、あるべき都立の大学の方向性を提示してみたい。

1　大学解体にノー！

歴史的な一〇・七都立大総長声明

「都市教養」という名称で「教養教育」の装いを凝らしながら、実態としては都の産業政策に全面的に従属する新大学計画を構想した知事、大学管理本部は、それが大学の本質への挑戦であり、陰謀的であるがゆえに現大学の教職員、学生の共感、承認を受けられないことがわかっていた。したがって、民主的手続きの蹂躙、正常な協議の否定は彼らにとって必然の手法となる。二〇〇三年八月一日の学長たちへの一方的な言い渡し、八月二九日の学長、学部長たちへの「個人として」の教学準備委員会への参加強要と議論の禁止などは典型的な例である。

だが、構想実現のために民主主義を否定する手法そのものが、構想の内容への賛否を越えた反発を招くのも必然だった。ただ、反発から一段進んで、都との開かれた協議を求める連帯した取り組みに進むには、きっかけが必要であった。

ポストの剥奪をちらつかせた箝口令や「同意書」が情報を遮断し、教員を分断して内にこもる批判、不満の表明がなしにくい状況を大きく転換させたのは、二〇〇三年一〇月七日の都立大茂木総長の声明発表であった（巻末・資料1）。都当局が「民主主義の否定」で圧迫を加えてくるのに対して、評議会、教授会での議論をふまえる、という「意思決定の民主主義の堅持」で対抗したこの声明の意義は大きい。

第一に、現都立大学の代表者である総長が、曖昧な言い方を避けて明確に管理本部の手法に異議をとなえ、都と四大学の協議の枠組みを提起したことである。このために、教員が集団として、あるいは組織として意思表明する状況が急速に作られたし、多様な学生・院生と教員が共感と連帯を形成できることになったのだった。さらに、現職の総長が明快な言葉で意思表明したことでマスコミが注目して大きな社会的反響を呼び、全国の大学関係者、教育関係者、さらにより広い範囲に事態が伝わり、都立四大学の努力への支持と共感が得られたのである。

第二に、大学院問題、基礎・教養教育のあり方、資格教育そして教員の任期制と、およそ教育研究機関であれば当然検討すべき項目を挙げ、設置者との協議を呼びかけたことである。これはややもすれば「ポストの喪失」をめぐる争いと見られがちな教員と知事・管理本部との対立が、実は大学そのものをめぐる攻防であることを内外に示し、以後、様々なレベルで「正常で開かれた協議体制を」という共通の目標がかかげられるようになった。

これまでにも多くの大学あるいは教育機関と、それを不当に支配しようとする行政当局との対立があったが、大学の真の意味での「トップ」が全学の先頭に立つ姿勢を明確に示した例はほとんどないはずである。その意味でも歴史的な声明であった。

これに対して、管理本部が対抗上あわてて演出した、知事への忠誠表明とも言うべき「三大学学長声明」は各大学の教授会にも諮られずに公表されたもので、科技大ではわざわざ「個人的な見解」と教授会議事録に記載される始末で、まさに失笑ものだった。

立場を越えて四大学教職員が連帯

一〇・七総長声明をきっかけとして、新しい広がりと連帯の質が生まれた。その典型的な例が、「ポスト」に大きな不安がない筈の都立大と科技大の理工系の教員の、大学の枠を越えた共同行動であったし、さらに枠を広げてついに四大学全教員の過半数の賛同署名を集めた「声明の会」の運動だった。「人文への攻撃」だけでなく、大学教育そのもの、学問そのものへの破壊につながる攻撃である、というわば理念的な危機感が、「学部自治」の限界を突破して異分野の教員の連帯を生みだした。さらに、教職員組合の組織も異なり、他の三大学と没交渉に近かった保科大の教員も参加した。廃学決定という非常に弱い立場におかれ、意思表明の難しい状況の短大教員も過半数が賛同した。署名はできないが賛意はもっていると言った教員はさらに多い。

教員間の横の連帯だけでなく、この取り組みは学生、院生、職員と教員の間の共感と共同行動を可能にした。もちろんその基礎に、それぞれの階層独自の不安や要求がある。教職員の運動の中心には組合が存在して情報提供、行動提起を担ったが、重要なことは、都立大の学生自治会がB類廃止から新大学への一方的移行という流れに抗議し、現在と将来にわたる修学権の保障、民主的な大学運営を求めて学生大会を一年間に三度も成立させるなど飛躍的に活発化したことである。また、将来に対して学部生より深刻な不安を抱える院生も同様で、休眠状態であった院生会の再建、研究科を越えた連絡会の発足などみずからを組織し始めた。

さらに教員の中でも助手が情報を求め、自分たちの研究条件と新大学への正当な関与を求めて助手会を再建、あるいは活発化させていった。

立場、利害を越えて学内の諸階層が「大学とはどうあるべきか」を考え、自治組織を築き上げ、そして共同行動を形成した経験は今後の持続的な新大学建設に向けた取り組みの最大の保障となるだろう。同時にそれは教職員組合の提唱で進められている、法人化された大学を、「全階層の自治」を基盤とした民主的な運営がなされ、「あらゆる差別と人権無視のない大学」として作り上げることをめざす「大学憲章」運動の確かな推進力となるはずである。

学外との交流と連帯

一〇・七総長声明が発せられた頃から、教員や院生がインターネットなどを通して、都立の大学に起きている事態を学外に伝える活動が活発になった。その反響が、まず人文科学系の研究者、団体に起こり、次いで広範な大学や学会に広がっていった。

教職員組合も、二〇〇三年秋から全力を挙げて、学外の市民団体、労働組合に伝える活動を展開した。これによって、他の国公立大の教職員組合、「新首都圏ネットワーク」などの支援を得られ、のちには私大教連などによっても励まされ、また都立の大学をめぐる問題が日本の大学全体の問題として位置づけられた。

さらに大きな成果は、同じ東京都に働く人々とも連帯の機運が生まれたことだった。ちょうど石原都政による小・中学校、高等学校、養護学校の強権的「改革」が激しさを増し、また認証保育所制度に連動した公立保育園、児童館等の切り捨てが「改革」の名の下に急激に進行していった時期でもあったのだ。

これら強権的「改革」に対抗する市民や労働組合との交流の過程で、大学の事態が東京の教育や福祉の分野で起きていることと全く同根であることが広く認識された。それは石原都政が、従来の公教育、公共福祉の理念を根底から覆そうとしていることの認識である。

現在、この石原都政の「公共性の否定」は教育機関のみならず、病院、保健所、図書館、博物館、美術館、交響楽団、図書館、青年の家等々、東京の教育、文化、芸術、科学そして医療のすべての分野で急ピッチで進行しており、経費削減、リストラを狙った統廃合や切り捨てが行われようとしている。当然それに対抗する市民、労働組合の運動がはじまる。学外との交流と連帯が進む過程で、都立四大学の民主的改革を求める努力は必然的にこれらと協同する方向に進んでいった。

この広範な学外の市民の運動との接点を作ったのは教職員組合であり、また、都立大学OBを核とする「都立の大学を考える都民の会」（以下「都民の会」）だった。

2・28集会へ

「本当の意味で『都民のための大学』をつくってほしいとの思い」から二〇〇三年一一月に誕生した

「都民の会」は、「この『都立大学問題』は、東京都によるこの間の教育・福祉分野における様々な攻撃と軌を一になすものです」という認識のもとに活動を展開し、学外に総長の意思をはじめ四大学の教職員、学生・院生の声を届け、また逆に、学外からの見方を伝える重要な枠割りを果たした。

その結実が、日比谷公会堂に二〇〇〇人規模の参加者を集めた二〇〇四年の2・28集会だった。この集会は二つの意味で大きな意味を持っている。ひとつは、大学との協議をかたくなに拒み続けている大学管理本部に、設置申請の強行に関して深刻な不安を与えたこと、そして、さらに重要なのは、OBをはじめとする都民、市民に、運動の目標が単に「都立大を守れ」にとどまらず、石原都政の恣意的な解体、切り捨てに直面している東京の福祉、文化、芸術、科学を、もっと広く協力し連帯して守ろうとする視点が生まれ、定着してきたことである。

そしてさらに、この段階で、都立四大学の強権的解体への抵抗は、同じ根をもつ国立大学法人化・教育基本法改悪に対する反対運動に合流、発展してゆくものであることが鮮明になったのである。

2　都民、市民のための大学改革へ

都民の名を借りて行う大学「批判」

すでにみてきたように、知事や大学管理本部はこれまでことあるごとに、都立大学を始め現在の都立の大学、短期大学が都民の期待に沿っていないと決めつける。しかしながらその論拠である、「莫大な赤字」「社会的貢献が少ない」「学生の社交場と化している」「(短大は)ニーズがない」等々の批判はどれもデータのねつ造による虚偽かあるいは針小棒大の中傷でしかない。虚偽や中傷の背景にある、彼らの「期待する大学」とは、いみじくも二〇〇三年八月二九日に都立大学の五学部長、三大学の学長を集めた場で山口管理本部長が述べたところに表れている。つまり、「工業等制限法の廃止等の社会状況の変化」に対応した大学であり、「東京全体の都市計画や研究所資源が視野」に入った、「経営的視点」、「学生や卒業生の受け入れ先の視点」をもった大学でなければならない。

さらに、「都議会自民党から大綱への厳しい意見がある」ことを理由として、それまで進行していた都立の大学改革が都民の意向に沿っていないと主張しているのである。

都民、市民の期待する大学とは

それでは、都民、東京で働き暮らす市民の期待する大学、税金が使われて悔いのない大学とは、どんな大学なのだろう。

これは、知事、大学管理本部とのせめぎ合いの中で都立四大学の教職員すべてに突き付けられた問いだった。数多くの討論会、集会で議論がなされ、学生とも意見交換が行われ、また広く全国、全世界からも意見が寄せられた。多少の異論の存在を前提に、真摯に教育、研究を考える人々のほぼ共通の認識は以下のようだった。

当然、専門家によって高度な研究、人間の知的好奇心を刺激する研究、さらに産業の活性化につながる研究が大学でなされることへの期待はある。しかし最も基本的には、未知のことへの旺盛な知的好奇心と現状への活発な批判精神をもち、同時にそれらを上滑りなものとしないだけの基礎的な学力を有する学生を育てる教育への期待であろう。

もっと詳しく言えば、この教育は「用意された答」を見つける訓練ではないので、高度に専門的な研究を現に行っている教員のみがなし得る、奥行きの深い教育でなければならない。それ故に大学教員の研究の程度の高さが期待されるのである。

つまり大学という「教育機関」における研究の質の高さは、社会の多数者である市民の要求を不断に把握し、吸収する姿勢を伴って、はじめて十全なものとなりうるのである。「教育は不当な支配に屈することなく、国民全体に対し直接に責任を負って行われるべきである」（教育基本法一〇条）。

別の言い方をすれば、最近、「企業のニーズと大学のシーズ」と単純に連結させられる科学技術の分野でさえ、その関係を市民社会の健全な発達という視点から組み替える意欲、姿勢が、大学の研究、教育には求められるということである。「産業（企業）のニーズに応える」のではなく「産業（企業）のニーズを超えて」人生を生きて行ける能力の涵養こそが重要である、とも言えよう。

このような教育は、様々な見解が自由に発せられる環境でこそ行いうることには異論がなかろう。若年者に対してだけでなく、大学が社会人に行う生涯教育、リカレント教育への要望ですら、高度な知識をもつ専門家である教員の存在を前提としていることは明らかである。

本来教育は普遍的なものであり、大学への期待の中心が納税者の子弟の教育であれば、偏狭な「地域密着」は都民の期待に応えるものではあり得ない。全国的、あるいは全世界的に普遍性、共通性のある基礎教育が十分になされてこそ、学生が学部から他大学の大学院に進むことも可能なのだし、職業に就くときでも基礎的な能力の予想ができるのである。さらに全国的、全世界的に研究者の移動や交流が可能になるのである。

このことはただし、大学の研究課題に地域の抱える問題を取り上げることが不要であるとか無意味であるということではない。逆に、地域の産業の活性化や文化の発展に寄与する研究は大いに必要かつ有意義であろう。公立大学の研究者はそれを意識し、意欲を持つべきであろう。だが、ここで強調したいのは、地域に貢献する「研究」の必要性を意図的に地域特有の「教育」の必要性にすり替え、あるいは無定見に広げてしまうのは、市民の期待に添うものではない、ということである。冷静に考えて、まともな議論では「地域密着」という言い方は研究内容に関して望まれることはあっても、教育、とくに高等教育を語る文脈では使われない。大学と地域との関係を考えるとき、この研究内容と教育内容の「意図的な混同」に注意しておかなければならない。

したがって、「大都市特有の研究」には意味を見いだせるが、「大都市特有の教育」、とくに「教養教育」には大いに疑念が残るのである。

公立大学の公共性とは

行政（時の権力）によって決められる「ニーズ」あるいは「公共性」は常に押しつけられるし、また短期的な利益を伴うから、意識的な努力なしに応じられる。しかし、本当の都民のニーズに応えるのは容易ではない。意識的かつ持続的な、大学と多種多様な市民との直接の対話のシステムが作られてはじめて、大学が市民共通の知的財産＝税金の投入のしがいのあるもの、としての納得が生まれる。

現在進行中の法人化の動きはまさしく、これに全く逆行している。学生や都民との対話、交流を封殺しておいての、知事、管理本部によって作られた「社会の要請」と画一的で短期的な評価基準。そんなもので「個性化」が図れるわけはないし、ニーズに応えられるはずがない。

ここで特筆したいことは、都立四大学の教職員、学生のあいだに、意識の面でも組織実体の面でも、広く都民と共通認識を形成しようとする機運が生まれつつあることである。すでに述べた、大学、学部の枠を超えた教員の「声明」運動、教員と学生の討論集会、共催の都民集会、教職員組合、学生自治会、院生自治会、サークル連合などが共同して取り組んでいる「大学憲章」運動、主として人文学部各学科、専攻が直接社会との接点として立ち上げたホームページの数々、学外団体とともに進めた署名活動、そして「都民の会」。これらは発信と受信のキャッチボールの過程で、都立の大学に対する、より複眼的で冷静な見方を大学の中に確実に育てている。

これらを定着させるために必要なことは、第一に、「大学が学生に与えるもの」と「学生が大学に求めるもの」との不断で冷静なチェック、つまり教員と学生の相互批判の制度化であり、第二に、定期的な出版物だけでなく、インターネットの利用や直接の都民との対話集会の開催などを制度化し、系統的、全面的な情報公開とそれへの応答をキャッチし、再び発信するシステムの構築である。すなわち、大学の内外に意識的、制度的に「批判の眼」を育てることで充実した教育をめざし、さらに多様かつ広範な大学に関心を持つ都民のネットワークを作ることである。これはまた、「大学の自治」「学問の自由」への侵害への最大の防御力になるはずである。

教職員、学生が自信を持って「公立大学としての使命」を共有することができてこそ、レディメードでない自己点検、自己評価の基準が明確化する（出来合いの評価基準では大学の個性化は図れないであろう）。

学術、文化、芸術、科学技術の連合体を

東京は世界有数の大都市であると同時に、自然のスケールの大きさと多様性においても、歴史や伝統文化においてもきわめて豊かな多面性をもつ。また、そこに暮らす人々（都民）も、国内外からの短期的居住者から生涯定住者まで共存しており流動性にも富んでいる。したがって、これらの地域としての特性と都民の期待の多様さ、幅広さを考えたとき、これから作られる大学の理念が、「首都」あるいは「大都市」としてのアプローチのみでは都民の付託に応えられるとはとても言い難い。

それでは、東京の特性を生かし、前述したような豊かで普遍的な教育と高度な研究を遂行しうる大学がどのようなものであろうか。

これまでの都立四大学は各々個性に富み、教育、学術、社会貢献の各面で今後に継承すべき知的、人的資産と経験を有している。しかし、総合しても大規模な大学とは言えない。ところがまた、大学と同様に東京都民がこれまでに税金を投入してきた学術、文化の機関は都立諸研究機関、病院、美術館、博物館、交響楽団、動物園等非常に多数あり、都民の知的、文化的要求に応える十分な量と質を誇っていることを忘れてはならない。

しかも、これらすべてが今、石原都政の下で共通してリストラと経費削減、現場の実態を無視した強圧的な行政による圧迫に苦しんでいるのである。現在バラバラに分断されているこれらの諸機関、組織が日常的に連携し、学生の教育を行い、研究者を交流させ、組織的にも「東京都科学文化芸術機構」とよべるような連合体を創設するならば、世界に類を見ない総合的かつ高度な教育研究体制を展開することも可能となろう。

大学の改革は、大学内部での意識や制度の改善がもちろん不可欠であろう。しかしその意識をそこで閉じることはない。公立の大学が地域社会に依存した存在であることを積極的にとらえ、同じ基盤に立っている公立の学術文化機関と互いに壁を取り払うなら、そして従来の概念を超えた「東京の総合大学」が作られるなら、これこそ都民が世界に誇れる知的財産であろう。

また、そうなれば時の行政の教育や文化、芸術、科学に対する恣意的な誘導や圧迫に対抗する広範な共同運動も可能となるだろう。

若者に夢を与え、視野を広げる教育と新たな研究の展開の場が広がるだろう。「首都東京」にはそれだけの条件がそろっているのである

第2部　これからの日本の大学はどうなるか?

田端博邦

1 「大学改革」のうねり

二〇〇四年四月に国立大学はいっせいに国立大学法人に衣替えした。国立大学と国立大学法人はどう違うのか、という問題はあとでまたふれよう。国立大学の法人化にさいして、河村健夫文部科学大臣は、これを「明治以来の大改革」と呼んでいる。

国立大学の法人化につづいて、公立大学の法人化がめざされている。さらに、私立大学にかんしても私立学校法の改正が行われることになった。国立大学の法人化にはじまった「大学改革」はどうやら日本の大学制度全体の改革に及ぶらしいということが明らかになってきている。

国立大学法人化のいきさつ

では、この「大学改革」とはなんであろうか。だれが、なぜ、どのように大学を「改革」しようとしているのであろうか。

まずは、国立大学の例から具体的に考えてみよう。国立大学の場合、法人化の議論が浮上したのは、一九九七年の橋本行革のときである。省庁再編をし、徹底的な財政の合理化・効率化をしよう、というのが橋本行革のねらいであった。一〇年間で一〇パーセント公務員を削減するという方針もここには盛り込まれた。よく言われているように、日本の人口に対する公務員の比率は先進国では飛びぬけて低い。それをさらに「効率化」しようというわけである。

なぜそのような行革または行財政改革が行われようとしたのか。言うまでもなく、バブル崩壊以降累積した財政赤字を解消することがその第一の直接的な目的であった。もっとも、国の財政赤字問題は、経済全体の状況に大きく依存する。橋本行革における財政再建のための消費税引き上げは消費意欲を減退させることによって一挙に不況を深化させてしまった。財政赤字の規模が大きくなっただけでなく、失業率もこの時期にさらにはねあがる。そうした政策の実際的効果は別として、橋本行革が意図したのは、行政を効率化して財政支出を削減することによって、財政危機から脱却しようとするものであった。しかし、橋本行革の思想は八〇年代の臨調行革にまで遡る。当時から喧伝された「小さな政府」「民間活力」は八〇年代から今日までつづく行革の思想である。そこでは、公共的な財政支出や政府の経済的機能は可能な限り小さくして、そのことによって民間の経済市場の役割を大きくすることが、経済を活性化し、国民生活を豊かにするはずだという考え方がとられている。つまり、九七年の橋本行革は、当面の財政再建だけを目標にしていたわけではないのである。

民間の市場経済と政府との関係、国民生活に関する公共サービスのあり方、など総じて社会経済の大きな仕組みのあり方が問題にされていたわけである。この点では、今日の「小泉改革」もなんら異ならない。「聖域なき構造改革」とは、公共サービスを可能な限り縮小し、政府の市場規制も可能な限り廃止する、そのことによって自由な競争市場をつくりだそう、というものである。ひとは、こうした考え方を「ネオ・リベラリズム」、「新自由主義」、「市場原理主義」などと呼んでいる。

少し横道にそれてしまったが、九七年の行革のさいに国立大学は独立行政法人にするという考え方が浮上した。独立行政法人という概念もこの時期に生まれたものである。九七年末の行政改革会議の最終答申が、国の行政組織を効率化・減量化するための施策として、民営化、地方移管などと並んで提案したものであり、その後の中央省庁等改革基本法に総括的な枠組みが規定され、九九年に独立行政法人通則法という法律ができて、独立行政法人化が可能になった。さまざまの国の直轄研究所や美術館・博物館などがこの法律のもとで独立行政法人化されている。この独立行政法人化の議論のときに、国立大学長の集まりである国立大学協会は強く反対し、また当時の文部省も町村文部大臣名で、独立行政法人化は国立大学の教育研究になじまないという反対意見を表明した。そのために、このときには国立大学は独立行政法人化の対象から外れたのである。

このような経緯から見ると、国立大学の独立行政法人化の考え方が、もっぱら行政改革の観点からのものであったことが分かる。また、だれが法人化を推進しようとしたのか、という観点からみれば、国立大学がそれを望んだわけではなかったことが明らかである。

公共サービスからはずれる大学教育

しかし、国立大学や文部省の反対も九九年には押し切られてしまう。行革論議のなかで公務員削減の幅が一〇年で二五パーセントと大きく引き上げられたことが決定的であった。国立大学は一二万人以上の公務員を教職員として抱えていたために、国立大学を独立行政法人にするほかこの公務員削減の目標を達成することは不可能と見なされたためである。九九年一月の閣議決定は、二〇〇二年までに国立大学の独立行政法人化についての結論を得るとしたのである。文部科学省は、二〇〇〇年に調査検討会議を設置し、閣議決定の予想した二〇〇二年度末には、国立大学を法人化するという報告をとりまとめた。その後、二〇〇三年七月に国立大学法人法が制定され、二〇〇四年四月に国立大学は国立大学法人に移行した。ただし、国立大学の法人化は、独立行政法人通則法によるものではなく、これとは独立した国立大学法人という形がとられている。

ここでまず明らかなことは、すぐ上に述べたように、国立大学の法人化は、政府の行政改革施策の一環として行われたということである。国立大学の法人化は非公務員化という方式によったために、国家公務員の総数は二〇〇四年四月に相当激減したはずである。そして、行政改革の視点によったということは、強く言えば高等教育の機会を公共サービスとして国が提供するという考え方を放棄したものということができるので、新生国立大学法人には、不断に財政削減の圧力が加えられることになる。実は、独立行政法人化（大学の場合は国立大学法人化）することはそれ自体で自動的に財政削減につながるわけではない。現に、国立大学法人法案の審議過程では、国が財政責任を放棄するものではないという文科省答弁が繰り返し行われている。そこで、法人化を財政削減につなげるためには、法人制度の財政ルールをどう設計するかが重要な論点になる。今後の展開はなお不透明であるが、現時点では、二〇〇五年度から一パーセントの効率化係数が適用され、削減される公費投入を補うために、外部資金の獲得や授業料などによる「自己収入」の拡大が国立大学法人に求められている。

行政改革とは別の角度から

しかし、国の行政改革だけが問題であるなら、冒頭に述べたような公立大学や私立大学を含む「大学改革」は説明できない。公立大学の場合は、国と同じように自治体の財政問題があるのでパラレルに考えることはできるが、私立大学については説明がむずかしい。実は、国公私大すべての改革論議には、財政問題ではないもうひとつの問題が共通に含まれている。大学間の競争の組織化と大学の管理運営がそれである。

国立大学の場合でも、もともと国の財政支出の問題だけであったなら、大学の制度を変えずに財政支出だけを単純にカットするという手法もありえたであろう。もちろん、そうした手法は行政組織の性質から見てむずかしいのだ、というような政治学的説明も可能かもしれない。しかし、事実はそのようなものでもない。最近の財政構造をみれば分かるように、実は、高等教育予算を含む科学研究費総額は財政抑制基調のなかで若干ではあるが伸びを示しているのである。「科学技術立国」というような科学技術研究重視の政策が明瞭にとられているのである。したがって、「大学改革」とは、単なる行政改革の手段ではなく（実はそのような面も根強く存続している）、科学技術政策の観点からの大学政策の一環としての性質をもっているのである。

科学技術立国

このような「大学改革」における科学技術政策的側面を明瞭に示したのは、二〇〇一年の「遠山プラン」と言われた文科省の「大学構造改革」プランであった。「遠山プラン」によれば、①国立大学の再編統合を大胆に進めることによって、「スクラップ・アンド・ビルドで活性化」させる、②民間的発想の経営手法を導入することによって、「新しい国立大学法人に早期移行」する、③第三者評価による競争原理を導入することによって、「国公私学『トップ30』を世界最高水準に育成」する、というのである。「大学構造改革」とは、こうした「改革」を通じて、「大学を起点とする日本経済活性化」をめざすというものであった。

この最後の点が最も重要である。「遠山プラン」において、「大学改革」は、大学や高等教育の教育研究のあり方それ自体の問題としてではなく、「日本経済活性化」つまり経済活動のために奉仕する手段として構想されている。大学における教育や学問研究は、結果的には、あるいは究極的には社会や経済に有益な効果をもたらすものと考えられている。しかし、学問や教育が直接的に経済や産業に奉仕すること、その手段になることは、学問研究の独自の論理を封殺することになるであろう。「遠山プラン」は、まさにそのような学問研究の手段化を主張しているのである。実は、このプランには裏話がある。経済産業省のプラン「平沼プラン」を提示されて、文科省が急遽これをつくりあげた、というのがそれである（両プランはいずれも経済財政諮問会議が策定した第一次「骨太の方針」のために提出されたもの）。

すべてを国際競争力強化に

大学を日本経済の競争力のためのリソースとして活用すること、それが「大学発の日本経済活性化」の意味にほかならない。そのような観点から見たときに、大学の現状はスタティックであり、産業界の要請に機敏に応えるものになっていない。なぜそうなのか。それは、大学が旧態依然の「大学の自治」、「教授会自治」のもとに社会から隔絶した世界を形成しているからに違いない。「大学改革」とは、そのような大学のあり方を打ち壊して、産業や社会に直接役立つ研究と教育の機関にするものでならなければならない。これが、科学技術政策の観点からみた「大学改革」の論理にほかならない。「産学官連携」、「社会貢献」などが強調されるのは、このような文脈においてである。

産業界は従来から国際競争における研究開発の重要性を主張してきた。八〇年代までの製造工程の革新の優位性は、後発国の追い上げや高い相対賃金コストによってもはや維持できない。これからの国際競争力は製品・技術開発とそのための創造的研究開発にかかっているというのがその基本的な認識であった。「知の時代」、「科学技術創造立国」など政府の経済政策のキーワードはこうした認識を表すものにほかならない。国際競争に勝ち抜くための世界的水準の研究開発のシステムをつくりあげること、「遠山プラン」の「世界最高水準の大学作り」とは、そうした産業界における国際競争力の必要性を直訳したものにほかならない。

そのような「世界最高水準」の研究開発を促進するために、大学を競わせる、競争による淘汰によって高い水準の大学をつくりあげる。「トップ30」（のちに「二一世紀ＣＯＥ」）は、そのための装置の一つである。

大学間の競争が個々の大学にとってもつ意味は深刻である。経常的な教育研究経費（基盤的経費）が削減されるなかで、科学研究費などの「競争的資金」の比重が高まるので、外部資金を獲得するための競争力を身に付けなければならない。外部資金を獲得する能力のある分野に研究教育組織をシフトさせる、あるいはそうした分野に特化するという「経営的」判断が必要とされることになる。「遠山プラン」における民間的経営手法の導入とは、そのような「経営判断」を可能とし、かつその実行を可能とするための「経営」を大学において確立することにほかならない。

このような大学間競争は、結果として、競争的資金や外部資金を供給するサイドの意図する方向に大学の研究教育を誘導することになるであろう。このような「大学改革」の意味するところは、もはや明白である。

巨大なうねり

国立大学法人法が、学長権限を強化し、産業界などの学外者が参加する経営協議会を設置する反面で、評議会や教授会の権限を著しく弱めているのは、このような「大学改革」の意味をよく示している。設置形態の違いを超えてすべての日本の大学が直面している「大学改革」とは、このような巨大なうねりである。少子高齢化に伴う学生数の減少、職業人養成大学院、社会人向けのサテライトなど世間の注目を集めている問題は、それ自体重要な意味を含むものの、「大学改革」にとっては派生的な問題にすぎない。このようなうねりのなかで日本の大学が「大学の自治」を喪失していくなら、それは文字通り「明治以来の改革」となるだろう。これについは、のちに再述する。

2　公立大学改革と私立大学のゆくえ

国立大学の法人化が山場を迎えるころ、横浜市大、都立大の「改革」案が急浮上した。法制的には、国立大学法人法の審議と並行して地方独立行政法人法が審議されたが、公立大学の法制は、地方独立行政法人制度に包摂されていたこともあってそれほど世間の注目を集めなかった。

上述のように、公立大学の「改革」も大きな「大学改革」の一環に組み込まれているので、基本的な問題点は国立大学のそれと変わらない。「大学の自治」を否定して、自治体の政策や地元産業界の要請に適合的な大学に鋳直すというのがその基本点である。

知事や市長次第

しかし、公立大学の場合には、いくつかの点で国立大学と異なる特殊性がある。

ひとつは、自治体の長の個性が出やすいということである。東京都や横浜市の場合は、自治体の長が、国の施策を先取りし、あるいは国の施策を超える構想を打ち出すことによって選挙民にアピールしようとする姿勢が顕著にみられる。いわばポピュリスト的な首長が独断的な判断を押し通すという事態が生じているのである。一般的に、こうした首長のイニシアティブに対して、官僚機構や大学の抵抗力は国のそれに比べると規模が小さいこともあり相対的に弱いということができる。そのために公立大学の場合には、極端な構想が生まれ、日本の「大学改革」を先導する可能性も高い。実際に、いま都立の大学や横浜市大で進行している事態はそのようなものである。

国立大と公立大の重大なちがい

もうひとつは、地方独立行政法人法における公立大学に関する規定が簡素であるだけでなく、国立大学法人法と重大な点で異なっているということである。大学の長である学長と法人の長である理事長の関係に関する規定がそれである。この点については、やや詳しく解説しよう。

まず、国立、公立を含めて、「大学法人」の意味を明らかにしておこう。これまでの国立大学や公立大学は、国や自治体が直接設置するものであった（学校教育法における「設置者」）。つまり、国や自治体が大学を設置し、大学の教育研究に必要な経費や建物建設の費用は国、自治体が直接負担するというものであった。「国立大学法人」、「公立大学法人」という場合の「法人」は、これまでの国や自治体に代わって設置者となるものを指している。つまり「法人」が大学を設置し、財政的負担なども第一次的には法人が責任を負うということになるのである（実際には国や自治体が交付金を支出することになるので国、自治体の責任がなくなるわけではない）。純粋に形式的には、「国立大学法人」と「国立大学」、「公立大学法人」と「公立大学」が生まれることになる。

この場合、「大学法人」は財政を握り、教職員の雇用主体となる。「大学」は法人が経営する教育と研究の組織ということになる。したがって、教育研究組織としての大学にとっては、大学法人のあり方が非常に重要な意味をもつことになる。

国立大学法人法では、大学の学長が同時に大学法人の長となるという仕組みがとられている（したがって国立大学法人については理事長という概念は存在しない）。これは法人法の制定過程でも重要な争点となったところであり、学長を法人の長とすることによって、学長とは別の法人の長が大学運営を支配することを避けるという配慮がなされているのである。言うまでもなく、ここで、学長は大学内の教員の代表者となることが暗黙のうちに了解されている。こうした仕組みをとれば、学内の代表者たる学長が大学の経営問題にも責任をもつということになり、「大学の自治」が確保される（教学と経営の一致）と考えられているのである。地方独立行政法人法の場合にも、原則としては、法人の理事長が学長となるものとする（同法七一条一項本文）とされており、国立大学法人法と異ならない。しかし、同項但し書は、定款で定める場合には、「学長を理事長と別に任命するものとすることができる」として、例外的に、学長と理事長を分離することができるとしているのである。

学長と理事長が分離すると

学長と理事長が分離する場合に、通常想定される事態はつぎのようであろう。学長は学内教員の代表者として学内の選考機関によって選ばれる（同法七一条五項）が、理事長には経営能力を中心にした人選（学識要件はあり。同条八項）が行われ、必ずしも学内の選考手続きを要しない。自治体の長が直接任命することができるのである（同条八項）。したがって、法人組織（理事会）においては、自治体の長によって任命される理事長が最高責任者となり、学内から選考される学長は副理事長にとどまることになる（同条七項）。学長は、「大学」を代表するが、ここでの大学はすでに述べたように「法人」によって供給される資源を基礎として教育研究を行う組織にすぎない。大学の教育研究の基盤である財政や組織編成の基本事項は、大学の設置者である大学法人の権限に属することになる。そして、法人を代表するのは学長とは別の理事長であり、大学の「経営事項」と呼ばれるものは理事長の権限に属することになるのである。実際上の大学運営の重要事項が、学長ではない理事長によって担われ、この理事長の人事には学内の意向は反映されない。理事長の任命権限を有する自治体の長の意向が直接大学運営に及ぶことになりうるのである。

この分離型の場合にも、理事長による教員人事権の発動には学長の申出が条件とされている（七三条）ので、最低限の大学の自治は残されているといえるが、大学運営における自治は大きく制約される可能性が高い。地方独立行政法人法のいわば例外規定が、しかし、横浜市大の定款案では採用されているし、*また都立大学の「改革」構想でも当初から理事長分離案が出されていた。公立大学の法人化がすすむとすれば、こうした「経営と教学の分離」（教学の経営への従属）がすすむ可能性が高い。

公立大学でこうした方式が一般化すれば、それは国立大学のつぎの「改革」ステージにおいて国立大学にも広げられる可能性があるとみなければならない。国立大学「改革」が「大学改革」の第一段階を画したとすれば、公立大学「改革」は、それをさらに一歩すすめた「改革」の段階をつくりあげる可能性がある。

＊　横浜市立大学を地方独立行政法人に移行させるため、二〇〇四年三月に横浜市議会で「公立大学法人横浜市立大学定款」が可決された。この定款では、教学と経営を分離した上で、経営の長である理事長(市長の任命)が教学の長である学長を副理事長として下に置くことになっている。また学長以外のすべての副理事長は理事長が任命し、経営審議会の委員も任命できるとしている。これによって、市長は理事長を通じて、大学の経営だけでなく、教育と研究の内部にまで介入することが可能となっている。

定款では、経営が優越するとともに、教学の中心であるべき教育研究審議会から教員人事や学則を含めた基本事項の審議権を奪っている。これに対して、経営を扱う経営協議会には、教学組織の改廃や、教育課程の編成にまで口を出す広範な権限を与えている。また、学長は学長選考会議で選考されるが、六名の委員のうち、学内の教員の意志が反映されるのは二名程度で、ここでも教育と研究の現場の意見は無視されている。

私学もトップダウンに？

ところで、理事長と学長を分離する仕組みは、私立大学ではむしろ一般的な原則であった。私立学校法によれば、学校法人の運営は理事会で行うこととされ、理事長は寄付行為によって定めることとされている。法人の設置する学校の長（大学であれば学長）は、理事になることとされているが、理事長にならなければならないとはされていない。こうした私立学校法の枠組みを実際の私立大学がどのように運用しているかは個々の大学によって異なるが、理事長専断体制と評されるような大学運営も生まれうる。私立学校法がこのような枠組みを設定したのは、私立大学（より一般的には私立学校）が私的な財産の寄付によって設立されるという事情に由来している。この法律の枠組みでは、私立大学は、公共的な施設というより、私的な、〝所有者〟（厳密な意味ではない）の意思によって運営される組織であるという考え方になっているのである。

しかし、冒頭に述べたように、こうした私立学校法の枠組みにも「改革」論が生じている。そのポイントは、この法律が法人運営の意思決定機構を〝民主主義的な〟多数決原理によるとしている点（私立学校法三六条）を変えることにある。「改革」論は、そのような合議制はトップ・リーダーの決定権限を制約するものとみなしているのである。理事長（学長）の最終意思決定権限を明確にすること、実はこれこそ国立大学改革で「トップダウンの経営」として推奨されたものにほかならない。

「大学改革」を貫くものは

要約しよう。国公私大をつうじて日本の「大学改革」を貫いているものはふたつある。ひとつは、大学間の競争的環境を醸成するというものである。私立大学でも私学助成の配分機構が数年前に変更されたことは私学関係者には周知のところであろう。さらに国公私学をつうじた「二一世紀ＣＯＥ」や科研費の傾斜配分は、個々の大学に「自己改革」を迫ると同時に、大学の研究教育を産業や実用に傾斜したものに誘導しつつある。都立大改革の〝震源地〟が産業労働局であるというのは、国立大学改革における経済産業省の役割と瓜二つの関係に立っている。このような大きな仕掛けに大学を動員するために必要とされているのが、第二に、大学の管理運営システムの「改革」である。そこでは、学内教職員の自治的な発意を疎外し、競争に適合的な「トップダウン」の「経営権限」の確立がめざされている。「遠山プラン」が明確に述べているように、モデルとされているのは、民間の企業経営システムにほかならない（しかもそれは多分に誇張されたものである）。また、紙面の都合でふれなかったが、「産学官連携」を推進したり、機動的に研究教育組織を再編するために使い捨て可能な任期制の大幅な導入も推奨されている。

国公私大の間で「改革」のテンポや進め方に違いがある。それは日本の大学の〝抵抗〟を分断する機能を客観的には果たしているといえる。しかし、その「改革」の核心はひとつである。このような「上からの」あるいは「外からの」「大学改革」すなわち「大学の企業化」が、大学の教育研究の真の発展をもたらしうるのか、それが根本的な問題である。

3　大学と社会、公共性

法人化後の国立大学にかんしては、国民の税金を使っているのだから国民に対する「アカウンタビリティ」が必要だという議論が強い。また、前述したように「社会貢献」が必要だ、と主張されている。しかし、これは奇妙な議論だ。国立大学は、法人化前から、否むしろ法人化前の方がより強く国費に依存していたからである。公立大学についても同様である。地域住民への貢献、公立大学としての特色の発揮など、実は今になって改めて問題になることがらではない。

国立大学は国費に依存しているので国民に役立たなければならない、公立大学は地域住民の税金によって成り立っているので住民に奉仕しなければならない。これはたしかに正しい。国や自治体と言う代わりに社会と言うとすれば、大学は社会の必要によって、社会によってつくられてきたのであって、大学がそのような意味で社会の必要に応えなければならないのはもっともなことだと言わなければならない。しかし、このことと、最近喧伝される「社会貢献」や「社会や産業に直接役立つ研究」などの主張とはまったくの別物である。法人化の経緯について見たように、今主張されている「社会貢献」が広い意味での社会のひとびとの必要に応えるという意味のものでないことは明らかである。これらの主張が、そして「大学改革」が本当の意味で社会の必要に応えるものであるのか疑わしい。

では、本当の意味で、大学が社会に役立つということはどのようなことであろうか。結論から言おう。やや逆説的だが、大学が本当に社会に役立つということは、大学が社会から自立し、大学自身の独自の営為を営むことによって社会に役立つということなのである。簡単に言えば、大学の社会への役立ち方は間接的であるといってもよい。大学と社会との関係がそのようになるのは、大学で行われる教育や研究が未知への挑戦を含んでいるということにある。また、基礎科学のように、直接の実用には役立たない（ように見える）研究を多く含んでいるからである。そしてそのような研究は、多くの部分、研究者の自発的な創意と模索に依存するからである。このような研究教育活動は、他者からの強制によっては成り立たない。

「学問の自由」や「大学の自治」がこれまで保障されてきたのは、大学の研究教育のそうした独自性によっている。あるものを注文したら、さっとそれが出てくる、というような性質の仕事ではないのである。逆に言えば、「学問の自由」や「大学の自治」が保障されることではじめて、大学は大学らしい研究と教育を行うことができるのである。そして、そのような研究や教育こそが結局のところ、長期的に社会に貢献することになる。大学をつくり、養ってきた社会も実はこれを知っている。そのようなかたちで大学をもつことが社会自身にとって必要であり、かつ利益になると社会は考えてきたからである。憲法にこれらの基本的な自由が記されていること（より具体的には教育基本法一〇条の規定）に、それはなによりもよく示されている。

今日の「大学改革」を「明治以来の改革」ということができるとすれば、それは、戦前期も含めて長い間日本の社会が守ってきた「学問の自由」と「大学の自治」を否定し去る「改革」であるからである。それは、日本社会と社会のひとびとが、創造的な研究教育の場としての大学を失うことを意味している。

資　料

資料1

都立大学総長声明（二〇〇三・一〇・七）

声明　新大学設立準備体制の速やかな再構築を求める

二〇〇三年一〇月七日

東京都立大学総長　茂木俊彦

私は、東京都大学管理本部長に対し、新大学の設立準備の進め方をめぐって、現都立大学を代表し、かつその全構成員に責任を負う立場から、これまで二回にわたって意見を表明してきた（九月二二日および二九日）。

それらは、去る八月一日、大学管理本部が唐突にもそれまでの設立準備体制を廃止し、新しい準備体制に入ったと宣言したこと、またすでにまとめられていた「大学改革大綱」とその具体化の努力の成果を破棄し、現大学には何の相談もなしに「新しい大学の構想」なるものを一方的に公にしたうえで、今後はトップダウンでその具体化をはかるとしたこと、そしてそれを実際に強行していることに対応したものであった。

しかるに、その後の推移を見るに、大学管理本部はこうした検討・準備体制を改めることなく事を進めていると判断せざるを得ない。これはきわめて遺憾である。

私を含む都立大学の構成員は、大学改革の全国的な動きの中で、改革を自らの課題として真摯に受け止め、これまで相当の精力を注いできたし、今後もそれを継続させる意志がある。

新大学を清新の気風あふれるものとし、学生や都民、時代と社会の要請に応える素晴らしい大学として発足させたいという赤心の願いを込めて、ここに改めて総長としての見解を表明することとする。

記

いま設立の準備過程にある新大学は、現存する都立の三大学一短大の教員組織、施設・設備を資源として設立されるものであり、全く新しく大学を設置するのではない。これは、大学設置手続きという面からみれば、現大学から新大学への移行であるに他ならない。「既存大学廃止・新大学設置」という言い方が許容されるとしても、それは既存大学の有形無形の資源が実質的に新大学に継承されるという条件が満たされる場合であり、これを移行というのである。

しかも、ここでいう教員組織は、単に抽象化された員数の集合にすぎないのではない。それは、憲法・教育基本法をはじめとする関係法規に従い、学生ないし都民に対して直接に責任を負って大学教育サービスを提供することを責務とする主体の集団であり、また長年にわたって研究を推進し、今後それをさらに発展させようとする主体の集団である。それゆえ既存大学からの移行、新大学設置を実りあるものにするには、教員がその基本構想の策定から詳細設計にいたるまで、その知識と経験を生かし、自らの責任を自覚しつつ、自由に意見を述べる機会が保障されなければならない。

ところが東京都大学管理本部は、都が本年八月一日に公表した「新しい大学の構想」にあらかじめ「積極的に賛同する」という条件を設定し、これを認めなければ設立準備過程に加えないという方針を、いまだに維持している。これは設置手続き上、また市民常識的にも、正当なものだとは到底言えない。

私は、言うまでもなく新大学の設立に反対なのではない。重要なことは、大学およびその構成員と都・管理本部の間で自由闊達に議論が行われ、合意形成へのていねいな努力が重ねられることであると考える。そうしてこそ豊かな英知を結集することが可能となり、学生・都民さらに広くは時代と社会の要請に応えうる新大学ができるのだと思う。総長としての私は、このような認識は本学の部局長をはじめ、すべての教員・職員にいたるまで基本的に共有されているものと確信している。

また、このような合意形成過程が推進されていくならば、本学で学んでいる学生、院生の間にすでに生じている不安・動揺を除去し、安心して学べる環境を作り出し、本学を志望する受験生によい影響を与えることもできるであろう。

新大学を東京都が設置するに値する優れた大学とするために、大学管理本部が上記のような準備体制を刷新し、大学との開かれた協議を行う新たな体制を急ぎ設定し直すことが、喫緊の課題となっている。私は、大学管理本部がかかる課題に誠実に対応し、可及的速やかに設立準備の推進体制を再構築することを強く求めたい。

大学管理本部は最近、「新しい大学の基本構想を実現していくための教員配置案」を示し、教員一人ひとりに、①この配置案、②それを前提にした新大学に関する今後の詳細設計への参加、③詳細設計の内容を口外しないことの三点に同意する旨を記した書類（同意書）に署名して提出することを求めてきた。大学教員の中には、この構想に基本的に賛同する者、一部賛成・一部反対の者、さらに全体として反対の者もいて不思議ではない。問題は、いかなる立場の者も自由に意見を述べ、それを戦わせ、そのことを通じて大学づくりに参加できるかどうかにある。九月二九日付で管理本部長宛に提出した総長意見ですでに指摘したことであるが、このようなことを無視し、あらかじめ新しい構想に包括的に賛成することを条件として、詳細設計への参加を求めるのは、大学管理本部の言うトップダウン方式に含まれる問題点の象徴的な一例である。管理本部は早急に「同意書」提出要求の白紙撤回をすべきである。

ここに重ねて強調しておきたい。われわれはよい大学をつくるための努力をいささかも惜しまない。特に、現都立大学を代表しかつ全構成員に責任を負う立場にある者として、私は、都立大学のすべての教職員の一致した協力を得つつ、かつその先頭に立って、都立の新大学をすべての都民及び設置者の負託に応え、活力と魅力にあふれる充実した教育・研究・社会貢献の場とするためのあらゆる提案を真摯に吟味し、その実現のために最大限の努力をする所存である。この立場からここではあえて三点についてのみ言及しておくこととしたい。

第一は、独立大学院を含む大学院問題である。新大学の大学院は、学部と同時発足させることが重要であり、大学院の構成等についても学部と同時に検討を進めるべきであると主張してきた。それは前者を考えずして後者を適切に構想することは難しいという認識に立ってのことであった。それは同時に現大学の院生、来年度入学の院生の身分と学習権の保障のための方策を明確化する上でも有効である。大学院としてどのような研究科を設置すべきかについて、われわれは、すでに提示しているものも含んで、新たな提案を行う用意がある。

第二は、基礎教育、教養教育の充実の問題であり、それに向けても積極的提案が可能であることを明言しておきたい。とくに語学教育および情報教育、基礎ゼミ、課題プログラムなどに関して、われわれには何回もの審議を経て検討を深めてきた実績がある。これらを生かし、さらにインテンシブに吟味すれば、短期間しか与えられなくても、ゼロから出発するよりもはるかに豊かな内容を提示できるという確信がある。念のために付言しておけば、これらの問題の正しい解決は、専門教育、さらに前項に述べた大学院における教育のあり方の検討にもプラスの効果を与えることは明らかである。

第三は、教員免許や資格取得の問題である。都立大では現在多くの教科の教員免許状を取得できるだけのカリキュラム編成と教員配置を行っている。しかるに、現段階で管理本部が提示しているコースの設置案と教員定数配置では、文科省による教職課程の認定も難しい状況が生まれ、少なくともいくつかの教科の免許状の取得が困難な大学となる危険性がある。また工学系においては主要な大学が採用しつつある技術者資格（ＪＡＢＥＥ）に必要な科目編成が困難になることが予想される。これらの問題が学生や受験生、ひいては新大学の将来に与える影響がきわめて大きいことは、大学を知る者の常識である。

最後に、新大学における人事の問題について一、二の言及をしておきたい。これまで教育研究に重要な役割をはたしてきた助手の問題について突っ込んだ検討が行われていないのは遺憾である。加えて教員の任期制・年俸制の導入に関する問題についても指摘しておきたい。管理本部はこれについて積極的であることが伺えるが、仮に新大学ではすべての教員について任期制・年俸制を適用する方向をとろうとするのであれば、これを看過することは難しい。任期制・年俸制の問題は、軽々に結論を出す性質の事柄ではない。国際・国内動向に目を向け、また合法性の検討を行い、現大学で仕事をしている教員の意見を聞く等々のことをせずに、安易に結論を得るようなことは断じて避けるべきである。

東京都立大学も加盟する公立大学協会は設置団体と国に向けて「公立大学法人化に関する公立大学協会見解」（平成一五年一〇月二日付）を提示したが、そこでは「法人化に際しては、大学の教育研究の特性に配慮すること」「法人化は大学と十分に協議し、双方の協働作業として進めていくこと」等が強調されている。私は、これらについて賛意を表しつつ、今後の準備作業がよい形で進むことを切に願うものである。

以上

資料2
大学管理本部見解（二〇〇四・三・九）

三月八日に都立大学総長に対して大学管理本部長として三点にわたるコメントを申し上げました。その内容を、西澤学長予定者にも確かめたところ、考え方が一致しておりましたのでお知らせいたします。

平成一六年三月九日

学長予定者　西澤　潤一
大学管理本部長　山口　一久

記

一　今後の改革の進め方

第一回都議会定例会での知事の施政方針のとおり、知事にはまったく新しい大学として「首都大学東京」を一七年度に断固として開学する強い思いがある。改革の本旨に従い、引き続き教学準備委員会を中心に検討・準備を進める。

改革に積極的に取り組む先生方とともに、「首都大学東京」を創る。

改革である以上、現大学との対話、協議に基づく妥協はありえない。

「首都大学東京」は、東京都がそこに学ぶ学生や東京で活躍するさまざまな人々のために設置するものであり、教員のためではないことを再確認して欲しい。

二　大学院の検討

大学院の重要性は認識している。

教学準備委員会の下に、現状追認でない新しい大学院を検討するＷＧを設置する。

・メンバーは西澤学長予定者が指名する。

・第三回教学準備委員会で提示した、座長叩き台案、川勝専門委員案を出発点に検討を進める。

三　意思確認書提出の取扱い、混乱の責任

新大学に前向きな姿勢で期限を守って提出頂いた方々と三月に入ってから提出された方々を同様の取扱いとする訳にはいかない。何らかの仕切が必要である。

また、公に改革に批判を繰り返す人たち、意思確認書の提出を妨害する人たちには、意思確認書が提出されたからといって、建設的な議論が出来る保障がない。

なんらかの担保がないかぎり、新大学には参加すべきでない。

学内を主導する立場にある、総長、学部長（研究科長）、教授クラスの教員にあっては、混乱を招いた社会的、道義的責任を自覚すべきである。

◆都立の4大学統廃合の経緯（1999 – 2005）

1999年

4月　石原慎太郎氏、東京都知事に初当選

2000年

1月　石原知事、都立の大学の民間への売却に言及

2月　都立大評議会「東京都立大学改革計画2000」を承認（都側には受け入れられず）

8月　都教育庁に「大学等改革担当」設置

9月　都が包括外部監査発表（大学が大幅な「赤字経営」であることを指摘）

2001年

3月　「東京都大学改革推進会議」（教育長、関係局長、4大学学長）設置

6月　教育長が短大廃止、B類（都立大夜間課程）廃止と、それに相当する教員定数減を表明

7月　「東京都大学管理本部」設置（都の局に相当）

11月　大学管理本部「東京都大学改革大綱」を発表（4大学統合、法人化・教職員の非公務員化など）

2002年

3月　大学管理本部、教員定数18.6％削減を打ち出す

5月　「都立新大学設立準備委員会」が設置（4大学学長、教育長、大学管理本部長などで構成）

11月　「重要施策及び平成15年度重点事業」発表。これまで議論のなかった「東京未来塾」、産業力強化のための戦略的支援策が、大学管理本部に関わる事業として位置づけられる

2003年

３月	石原都知事、都議会で「日本にないまったく新しい大学」をつくると表明
４月	石原氏、知事に再選
６月	国立大学法人法、地方独立行政法人法成立 このころ鎌形大学管理本部長更迭、大学改革担当職員の異動
８月１日	午後２時、総長・学長が大学管理本部に呼ばれ、従来の検討体制が廃止されたことを通告される 午後３時、石原知事記者会見、「都立の新しい大学の構想について」発表
８月４日	都立大・短大教職員組合中央執行委員会「『都立の新しい大学の構想について』に対して抗議する」を発表
８月29日	都立大を除く３大学学長、都立大５学部長が大学管理本部に呼ばれる。大学管理本部長は「新大学構想」を認め、現大学を代表する立場としてではなく、「旧大学の資源に精通」したものとして、新しい検討組織に参加するようにと発言
９月25日	大学管理本部長、各学長、学部長に対して、助手を除く全教員の仮配置案を示し、新大学設立本部長（山口管理本部長）あての「同意書」を提出するように求める
10月７日	都立大総長声明「新大学設立準備体制の速やかな再構築を求める」（資料１）発表
10月15日	都立大総長、全学部長による学生への説明会（500名以上参加）
11月１日	大学祭企画・大学改革シンポジウム「廃止して良いのか？都立大学！！」
12月５日	大学管理本部が新大学の設置趣旨・設計などに関して河合塾に委託することが新聞報道で発覚
12月24日	石原知事、この年最後の定例記者会見で、新大学構想に反対しているのは保守的な文科系の教員であると発言

2004年

1月 初旬　大学管理本部、文科省に事前審査のため書類を提出（一部は留保）

1月21日　４大学教員の過半数による声明「都立新大学設立のための協議体制の速やかな確立を求める」発表

1月27日　都立大評議会が、見解と要請「新大学の教育課程編成等に係る責任と権限について」発表

2月 6日　新大学名称「首都大学東京」発表

2月10日　いわゆる「意思確認書」が各教員宅に発送される

2月28日　日比谷公会堂で集会「東京都の教育『改革』で、いま起こっていること」に2000名が集まる

3月 2日　高橋理事長予定者、西澤学長予定者、山口大学管理本部長が、茂木総長から申し入れのあった会見申し入れの要請などを一部受け入れる（のち撤回）

3月 8日　都立大総長が管理本部に呼ばれ、大学管理本部の強硬姿勢が示される（翌日、巻末・資料２を発表）

3月23日　４大学総長・学長懇談

4月 8日　大学管理本部、3月23日開催の４大学総長・学長懇談の概要をまとめた文書で、新大学への参加意思を示した教員は新大学の基本的な枠組を了解したうえで建設的に新大学の実現に取り組むことを表明したのであり、文部科学省への申請段階で反対運動を展開することは許されないなどと述べる。のち問題化する

4月28日　文部科学省に新大学設置を申請

2005年

4月　　　新大学開学（予定）

執筆者
田代伸一（たしろ　しんいち）　東京都立科学技術大学
源川真希（みながわ　まさき）　東京都立大学人文学部
乾　彰夫（いぬい　あきお）　東京都立大学人文学部
田端博邦（たばた　ひろくに）　東京大学社会科学研究所

東京都立大学・短期大学教職員組合
http://www5.ocn.ne.jp/~union-mu/

新首都圏ネットワーク（国立大学法人法反対首都圏ネットワーク）
http://www.shutoken-net.jp/

都立大学はどうなる

2004年5月25日　初版第1刷発行

編者 —— 東京都立大学・短期大学教職員組合
　　　　新首都圏ネットワーク
発行者 — 平田　勝
発行 —— 花伝社
発売 —— 共栄書房
〒101-0065　東京都千代田区西神田2-7-6 川合ビル
電話　03-3263-3813
FAX　03-3239-8272
E-mail　kadensha@muf.biglobe.ne.jp
　　　　http://www1.biz.biglobe.ne.jp/ ~kadensha
振替 —— 00140-6-59661
装幀 —— 神田程史
印刷・製本 — 中央精版印刷株式会社

©2004　東京都立大学・短期大学教職員組合　新首都圏ネットワーク
ISBN4-7634-0421-0　C0036

花伝社のブックレット

国立大学はどうなる
—国立大学法人法を徹底批判する—

東京大学教職員組合
独立行政法人反対首都圏ネットワーク　編
定価（本体 800 円＋税）

●国立大学法人法の驚くべき内容
近代日本の大学始まって以来の根本的改変。学長権限の異常な強化。経営協議会による外からの大学支配。中期目標・中期計画・業績評価を通じての文部科学省による国家統制。非公務員化による教職員の身分の不安定化。大学の基礎研究はどうなる。

【新版】ダムはいらない
—球磨川・川辺川の清流を守れ—

川辺川利水訴訟原告団
川辺川利水訴訟弁護団　編
定価（本体 800 円＋税）

●巨大な浪費——ムダな公共事業を見直す！
ダムは本当に必要か——農民の声を聞け！
立ち上がった 2000 名を越える農民たち。強引に進められた手続き。「水質日本一」の清流は、ダム建設でいま危機にさらされている……。

楽々《らくらく》理解 ハンセン病
人間回復——奪われた90年
「隔離」の責任を問う

ハンセン病国賠訴訟を支援する会・熊本
武村　淳　編
定価（本体 800 円＋税）

●国の控訴断念—画期的熊本地裁判決
ハンセン病とは何か。誤った偏見・差別はなぜ生まれたか？　強制隔離、患者根絶政策の恐るべき実態。強制収容、断種、堕胎手術、監禁室……生々しい元患者の証言。
この１冊で、ハンセン病問題の核心と全体像が楽々分かる。

コンビニ・フランチャイズはどこへ行く

本間重紀・山本晃正・岡田外司博　編
定価（本体 800 円＋税）

●「地獄の商法」の実態
あらゆる分野に急成長のフランチャイズ。だが繁栄の影で何が起こっているか？　曲がり角にたつコンビニ。競争激化と売上げの頭打ち、詐欺的勧誘、多額な初期投資と高額なロイヤリティー、やめたくともやめられない…適正化への法規制が必要ではないか？

ＮＰＯ支援税制の手引き

赤塚和俊
定価（本体 800 円＋税）

●制度のあらましと認定の要件
日本にもＮＰＯ時代がやってきた。さまざまな分野に急速に拡がりつつあるＮＰＯ法人。2001年10月から申請受付が始まった、ＮＰＯ支援税制の、すぐ役にたつ基礎知識と利用の仕方。申請の書式を収録。

死刑廃止論

死刑廃止を推進する議員連盟会長
亀井静香
定価（本体 800 円＋税）

●国民的論議のよびかけ
先進国で死刑制度を残しているのは、アメリカと日本のみ。死刑はなぜ廃止すべきか。なぜ、ヨーロッパを中心に死刑制度は廃止の方向にあるか。死刑廃止に関する世界の流れと豊富な資料を収録。［資料提供］アムネスティ・インターナショナル日本